DAS BESTE VON PARIS IN 6 ROUTEN

LOCAL
Gaby Dingena

JOB
Redakteurin

ÜBER UNSERE STADTKENNERIN

Als Gaby während ihres Austauschs einen netten Franzosen kennenlernte, beschloss sie, in Paris zu bleiben. Sie erkundet die Stadt am liebsten mit dem Rad und ist regelmäßig unterwegs, um Architektur, Straßenkunst, Museen und die Atmosphäre in den Vierteln zu entdecken. Danach ist Zeit für den *apéro*, den französischen Brauch, vor dem Abendessen mit Freunden noch etwas zu trinken.

TIPP

Im Ramen-Restaurant Kodawari isst man die besten *Ramen* von Paris. Die Einrichtung ist fantastisch und das Essen noch besser.

HAPPY TIME GUIDE PARIS

Verlasse dein Hotel und gehe direkt zu den schönsten Vierteln der Stadt. Unsere Autoren verraten dir, wo du die neuesten Restaurants findest und den besten Kaffee oder das beste lokal gebraute Bier bekommst. Im **happy time guide** lassen wir die quirligen Haupteinkaufsstraßen hinter uns und nehmen dich mit auf einen Spaziergang, unterbrochen von einem Zwischenstopp bei einer Sehenswürdigkeit, zu den besten Geschäften, Vintage-Märkten, kreativen Hotspots und schönen Parks, die auch die Locals gern besuchen. Unterwegs kommst du an vielen interessanten Orten vorbei, also schau dich um.
Du wirst Paris entdecken! Die Stadt der Prachtstraßen, weltberühmten Denkmäler und des *vie parisienne*. Wir starten mit Kaffee und Croissant in den Tag, so wie die Einheimischen. Wir shoppen in den Läden berühmter Modeschöpfer oder in Vintage-Boutiquen. Ein Museumsbesuch darf nicht fehlen, genauso wie der Spaziergang in einem der vielen Gärten und Parks. Gut essen oder ein Glas Wein, das geht in Paris wirklich überall. Und wir zeigen dir, wo!

PRAKTISCHE INFOS

Auf den sechs Routen in diesem Buch kannst du zu Fuß und in deinem eigenen Tempo die schönsten Viertel der Stadt erkunden. Die Routen führen vorbei an Museen und Sehenswürdigkeiten, aber vor allem zeigen sie dir, wo du besonders gut essen und trinken, einkaufen, genießen und Schönes entdecken kannst. Wir zeigen dir die besten Adressen, die wir selbst gern besuchen. Es könnte also sein, dass wir uns zufällig treffen!

Auf der Übersichtskarte vorn im Buch siehst du, durch welche Viertel die Routen führen. Jede Route ist zu Beginn eines Kapitels auf einem detaillierten Stadtplan genau eingezeichnet. Auch alle Adresse sind auf der Karte vermerkt. Anhand der farbigen Punkte siehst du gleich, um welche Art von Adresse es sich handelt (siehe Legende unten auf dieser Seite). Weiter hinten im Kapitel wird jede Adresse ausführlich beschrieben.

PREISE

Damit du eine Vorstellung von den Restaurantpreisen bekommst, steht bei den Adressen immer eine Preisangabe. Wenn nicht anders angegeben, gibt der Betrag den Durchschnittspreis für ein Hauptgericht an. Die Eintrittspreise von Sehenswürdigkeiten sind Normaltarife.

GUT ZU WISSEN

Paris umfasst das Gebiet innerhalb der für ihre Staus berüchtigten Ringstraße, die um die Stadt führt: den Boulevard Périphérique. Die Viertel außerhalb dieser Ringstraße werden *banlieues* genannt. Der Fluss Seine teilt die Stadt in das *Rive Droite* (rechtes Ufer) und das *Rive Gauche* (linkes Ufer).

LEGENDE

- >> SEHENSWÜRDIGKEITEN
- >> ESSEN & TRINKEN
- >> SHOPPEN
- >> FREIZEITTIPPS

THOUMIEUX

Paris ist in 20 Arrondissements eingeteilt. Jedes trägt einen Namen und eine Nummer. Das erste heißt Louvre und liegt im Zentrum. Die Nummerierung verläuft spiralförmig im Uhrzeigersinn durch die Stadt. Auf den Straßenschildern steht immer auch die Nummer des Arrondissements.

Die meisten Geschäfte öffnen gegen 10.00 Uhr und schließen gegen 19.30 Uhr. Arabische Lebensmittelläden sind oft bis Mitternacht geöffnet. Viele Lebensmittelläden und Supermärkte sind am Sonntagmorgen geöffnet, montags jedoch geschlossen. Im jüdischen Viertel Le Marais und in Montmartre haben die meisten Boutiquen sonntags geöffnet. Im August sind viele Restaurants, Cafés und Geschäfte (Bäcker und Metzger) wegen der Urlaubszeit geschlossen oder haben eingeschränkte Öffnungszeiten.

Zweimal im Jahr ist in Frankreich Schlussverkauf: drei Wochen im Juli/August und drei Wochen im Januar. Hier kannst du echte Schnäppchen machen.

MUSEEN

Paris ist ein Paradies für Museumsliebhaber. Du findest großartige und renommierte Museen. Achte auf die Öffnungszeiten: Manche Museen sind montags geschlossen, andere am Dienstag. Dahinter steckt kein System. Der Paris Museum Pass (*parismuseumpass.com*) bietet Zugang zu über 60 Sehenswürdigkeiten. Ein Pass für zwei Tage kostet 55 Euro, für vier Tage 70 Euro und für sechs Tage 85 Euro. Für Sonderausstellungen musst du oft zusätzlich zahlen. Der Pass ist an den Kassen der teilnehmenden Museen und Sehenswürdigkeiten sowie im Touristenbüro in der **25, Rue des Pyramides**, erhältlich. Wenn du nicht gern anstehst, kaufe vorher im Internet Tickets. Dann kommst du oft durch einen separaten Eingang hinein. Bei vielen Museen ist der Eintritt für unter 26-Jährige aus der EU kostenlos. Außerdem bieten zahlreiche Museen Rabatte für **Menschen mit Behinderung und Menschen ab 60 Jahren**. Einige Museen öffnen am ersten Sonntag des Monats kostenlos ihre Türen.

FRANZÖSISCHE (ESS-)GEWOHNHEITEN

Franzosen lieben es, zu essen und darüber zu sprechen. Besonders wichtig sind *le déjeuner* (Mittagessen) und *le dîner* (Abendessen). *Le petit-déjeuner* (Frühstück) ist recht einfach: eine Tasse Kaffee, Tee oder Kakao mit einer *tartine* (Baguette mit *confiture*) oder einem Croissant. So isst man zu Hause und auch im Café. Die Cafés sind oft schon früh geöffnet. Viele Menschen stehen morgens mit Kaffee und Croissant an der Theke. Das mag nicht so gemütlich sein wie am Tisch, ist aber günstiger: Man bezahlt oftmals nur die Hälfte. Bestelle *café* (Espresso), *cafe allongé* (Espresso, mit Wasser verlängert), *café crème* (mit warmer Milch), *café au lait* (mit kalter Milch) oder *noisette* (kleine Tasse mit einem Schuss kalter Milch).

Mittags gehen die Franzosen zum Essen aus. Zwischen 12.30 und 14.30 Uhr herrscht in den Restaurants Hochbetrieb. Ein traditionelles französisches Mittagessen besteht meist aus drei Gängen. Du kannst auch nur eine Vorspeise (*entrée*) oder ein Hauptgericht (*plat*) bestellen. Achte immer auf ein *menu du jour* oder *plat du jour* (Tagesgericht). Pariser arbeiten oft lange und essen in der Woche abends nicht vor 20.00 Uhr. Die Restaurants öffnen gegen 19.30 Uhr. Am Wochenende wird es meist erst nach 21.00 Uhr voll. Pariser gehen gern zum Essen aus, deshalb sind die Restaurants meist gut besucht. Du solltest also frühzeitig reservieren. Ein Trinkgeld ist nicht verpflichtend, es sei denn, du möchtest zeigen, dass du zufrieden warst. Die Bedienung wird sich freuen. Wichtig: Lass dich im Restaurant immer vom Ober zum Platz bringen, setz dich nicht einfach irgendwohin.

FEIERTAGE

Neben den beweglichen Feiertagen Ostern, Pfingsten und Himmelfahrt gibt es in Frankreich folgende offizielle freie Tage:

1. Januar > Neujahr
1. Mai > Tag der Arbeit
8. Mai > Tag der Befreiung (Waffenstillstand 1945)
14. Juli > Nationalfeiertag
15. August > Mariä Himmelfahrt
1. November > Allerheiligen
11. November > Waffenstillstand (1918)
25. Dezember > Weihnachten

21. Juni: *Fête de la Musique*. Auf Straßen, in Cafés und Bars, in Sälen und zu Hause – überall wird Musik gemacht, es wird getrunken und auf der Straße getanzt.

13. & 14. Juli: Vom Abend bis zum frühen Morgen des *Quatorze Juillet* kann man beim *Bal des Pompiers* in den Feuerwehrkasernen tanzen. Am 14. Juli wird überall in der Stadt gefeiert.

6. Januar: Am Dreikönigstag bieten die französischen Bäckereien *galettes des rois* an: Kuchen mit eingebackener Porzellanfigur (*fève*). Laut Tradition muss das jüngste Familienmitglied am Tisch den anderen die Kuchenstücke zuteilen. Wer die *fève* findet, muss die nächste *galette* kaufen.

VERKEHR

Von Köln oder von Brüssel aus kannst du schnell und bequem mit dem Thalys nach Paris reisen. In etwas mehr als drei Stunden erreichst du Paris, und das mehrfach am Tag. Ankunftsbahnhof ist die Gare du Nord mit guter Anbindung zum Stadtzentrum. Tickets kannst du online bestellen.

Paris wird nicht nur die Stadt der Lichter genannt, sondern auch die Stadt der Autos. Um die Verkehrsströme einzudämmen, hat die Stadt ein zuverlässiges öffentliches Verkehrsnetz mit **Metros**, Express-Metros (RER) und **Bussen** aufgebaut, für die du ein und dasselbe Ticket benutzen kannst. Du kaufst es für 2,15 Euro an den Fahrkartenschaltern oder Automaten in der Metro und an den RER- und Busbahnhöfen der Pariser Verkehrsgesellschaft RATP. Anstelle von Papiertickets kannst du eine *carte Navigo* kaufen, die du am Automaten auflädst.

Die Metro fährt täglich von 5.30 Uhr bis etwa 1.00 Uhr und samstags bis 2.00 Uhr nachts. Die Zeiten variieren je nach Station. An Sonntagen verkehrt die Metro

D085

weniger häufig. Die Fahrkarten sind für eine Fahrt gültig. Umsteigen ist erlaubt, sofern du unter der Erde bleibst.

Die RER ist die Schnell-Metro in die Vororte, kann aber auch im Zentrum genutzt werden. Eine RER-Linie hat weniger Haltestellen und verkehrt von 4.45 Uhr morgens bis 1.00 Uhr nachts. Eine Karte der Metro- und RER-Linien findest du auf der Rückseite des Reiseführers. Die aktuellsten Reiseinformationen erhältst du zum Beispiel auch über die Citymapper-App.

3X RUND UM DEN BAHNHOF

Rund um den Bahnhof Gare du Nord haben wir drei Adressen für einen guten Start oder Abschluss deines Städtetrips ausgewählt.

① Direkt gegenüber vom Bahnhof liegt **Terminus Nord**, ein Lokal mit schönem Art-déco- und Jugendstildekor. Hier werden traditionelle französische Gerichte oder Austern serviert.
23, Rue de Dunkerque, 10. Arr., Tel. +33 142850515, terminusnord.com/de, tgl. 6.45–23.00 Uhr, Mittagsmenü 24 €

② Bei **YUMMY ASIAN FOOD** bestellst du (kleine) asiatische Gerichte, die du vor Ort isst oder mit in den Zug nimmst.
8, Rue du 8 Mai 1945, 10. Arr., Tel. +33 140380878, yummy.fr, Mo–Sa 11.00–22.00 Uhr

③ Mach es dir auf den Stühlen, Hockern oder Bänken der **Brasserie Bellanger** bequem und bestelle ein typisch französisches Gericht.
140, Rue du Faubourg Poissonnière, 10. Arr, Tel. +33 954009965, lanouvellegarde.com, tgl. 9.00–24.00 Uhr, 16 €

In Paris sind die **Taxis** relativ günstig. Du kannst einfach eines der 15 000 Taxis anhalten, wobei der Taxifahrer erst stoppt, wenn er mindestens 50 Meter vom Taxistand entfernt ist. Wenn das Licht und der Lichtbalken auf dem Wagendach leuchten, ist das Taxi frei; ist das Licht an und der Lichtbalken aus, ist es besetzt. Du kannst telefonisch ein Taxi bestellen, zum Beispiel bei Taxis G7 (+33 141276699).

RAD FAHREN

Paris wird immer mehr zur **Fahrrad**stadt. Mittlerweile führen gut 400 Kilometer *pistes cyclables* (Radwege) durch die Stadt. Jeden Sonntag werden verschiedene Straßen wie am Canal Saint-Martin für den Autoverkehr gesperrt. Der durchschnittliche Pariser Autofahrer ist jedoch noch nicht an Radfahrer gewöhnt, pass daher gut auf! Manchmal enden Radwege abrupt oder führen über den Bürgersteig. Fußgänger hören die Fahrradklingel oft nicht sofort, also solltest du das Wort *attention* auf den Lippen haben, um Leute zu warnen.

Die Stadt hat ein System mit über 20 000 Leihfahrrädern, verteilt auf 1800 Stationen: Vélib' (*velib-metropole.fr*). Im Zentrum sieht man überall Fahrradständer mit grünen und (elektrischen) blauen Rädern und einer Infosäule. Auf der Website kaufst du eine Tages- oder Wochenkarte und nimmst dann ein Fahrrad – neben einem grünen Licht – aus dem Ständer. Überprüfe vorher den Zustand des Fahrrads. Ist der Sattel umgedreht, dann will dich ein freundlicher Pariser warnen, dass das Rad nicht in Ordnung ist. Du zahlst, bis du das Fahrrad in einen beliebigen Vélib-Ständer zurückstellst. Vergewissere dich, dass das grüne Licht am Fahrradständer wieder leuchtet, sonst wird die Fahrt teuer. Auch bei anderen Anbietern gibt es E-Bikes, informiere dich über Tarife und Bedingungen. Der Verleih von E-Rollern wurde verboten.

In Paris gibt es immer mehr Angebote an geführten Radtouren. Einige Fahrradläden und andere Organisationen vermieten Räder oder bieten Touren an, zum Beispiel Holland Bikes (*hollandbikes.com*) und Paris Bike Tour (*parisbiketour.net*). Beide Firmen bieten auch Touren auf Deutsch!

TOP 10 HOTELS

1 **OKKO Hotel Gare de L'Est** > Hell, frisch und modern und in einem schönen Viertel

2 **The ReMIX** > Künstlerisches und bezahlbares Designhotel

3 **Hotel Jardin de Plantes** > Modernes und stilvolles Hotel ohne Schnickschnack

4 **Monna Lisa** > Designhotel in der Nähe des Arc de Triomphe

5 **Hotel Locomo** > Farbenfrohes Hotel unweit der Bastille

6 **Les Deux Gares** > Ein Mix aus Klassik, wilden Drucken und Farbe

7 **Montholon** > Schöne Zimmer mit netten Restaurants rundum

8 **Hôtel Bloum** > Sehr geschmackvolles und gemütliches Hotel

9 **Hotel de Grands Boulevards** > Alles in allem ein Schmuckstück

10 **MOB Hotel Les Puces** > Verspielte Zimmer mit cooler Einrichtung

TOP 10 KUNST & KULTUR

1 *Der Denker* im **Musée Rodin** ist eindrucksvoll > S. 105

2 Bestaune die riesige Uhr im **Musée d'Orsay** > S. 105

3 **Musée Picasso** zeigt auch Kunst, die Picasso sammelte > S. 64

4 Eine Fotoausstellung im **LE BAL** ist beeindruckend > S. 33

5 Schlendere durch das berühmte **Musée du Louvre** > S. 42

6 Bewundere die prachtvolle **Fondation Louis Vuitton** > S. 138

7 Das **Centre Pompidou** zeigt zeitgenössische Kunst > S. 75

8 Genieße den Blick von den Treppen vor **Sacré-Cœur** > S. 22

9 Erlebe großartige Ausstellungen im **Palais de Tokyo** > S. 102

10 Entdecke Wissenschaft, Film und Musik im **Parc de la Villette** > 211, Avenue Jean Jaurès

TOP 10 RESTAURANTS

1. Entdecke den talentierten jungen Koch im **Frenchie** > S. 65

2. Speise bei **Derrière** neben der Tischtennisplatte! > S. 65

3. Genieße die schöne Terrasse von **LouLou** > S. 50

4. Bestelle im **Bouillon Chartier** französische Küche > S. 48

5. Brunche hip und gesund unter Locals im **Season** > S. 69

6. Für ein französisches Menü gehe ins **Le Chateaubriand** > S. 129

7. Provenzalische Küche findest du im **Chez Janou** > S. 69

8. **Miznon** im Le Marais serviert leckere Pitabrote > S. 66

9. Köstlich schmecken die *Ramen* bei **Kodawari Tsukiji** > S. 49

10. Speisen im geheimen Innenhof: **Le Très Particulier** > S. 26

TOP 10	SONNTAG

1 Beginne den Tag mit einem Macaron bei **Ladurée** > S. 114

2 Besuche den Gemüsemarkt **Marché d'Aligre** > Rue d'Aligre und Place d'Aligre

3 Speise mittags im **Le Marché des Enfants Rouges** > S. 77

4 Spaziere am **Canal Saint-Martin** und dem **Bassin de la Villette** entlang > S. 136 und S. 133

5 Picknicke im **Parc des Buttes-Chaumont** > S. 133

6 Lust auf eine Ausstellung im Fotomuseum **MEP**? > S. 62

7 Kaffee oder Tee mit Kuchen im **Carette** > 4, Place du Trocadéro

8 Genieße einen *apéro* auf der Terrasse des **L'Éclair** > S. 109

9 **Le Mary Céleste** serviert herrliche Cocktails > S. 69

10 Genieße einen Jazz-Brunch im **La Bellevilloise** > S. 135

TOP 10 AUSGEHEN

1. Tanze im Club **La Machine du Moulin Rouge** > 90, Boulevard de Clichy
2. Frankreich pur in der **Brasserie Barbès** > 2, Boulevard Barbès
3. Tanzen rund um den **Place de la Bastille** > Rue de Lappe
4. Genieße Jazz im **Sunset Sunside** > 60, Rue des Lombards
5. Trinke Cocktails in der **Bar Candelaria** > 52, Rue de Saintonge
6. Tanze in den Rooftop-Clubs von **La Cité de la Mode et du Design** > 32, Quai d'Austerlitz
7. **L'Olympia** ist eine legendäre Konzerthalle > S. 57
8. Tanze unter trendigen Parisern im **Les Bains Douches** > 7, Rue du Bourg l'Abbé
9. Französische Filme im **Cinéma Studio 28** ansehen > S. 34
10. Burlesque gibt es im **Le Crazy Horse** > 12, Avenue George V

ROUTE 1

BATIGNOLLES & MONTMARTRE

INFOS ZUR ROUTE

Diese Tour führt durch das 17. (Batignolles) und das 18. (Montmatre) Arrondissement. Die Strecke durch Batignolles ist vor allem interessant, wenn du schon häufiger in Paris warst und einmal in ein angesagtes Wohnviertel mit schönen Läden und hippen Restaurants eintauchen möchtest. Wenn du zum ersten Mal in der Stadt bist, kannst du die Tour auch beim LE BAL (Adresse 7) beginnen und dir nur das Künstlerviertel Montmartre anschauen.

DIE VIERTEL

Das Wohnviertel **Batignolles** wird bei jungen Familien immer beliebter. Man trifft sich in trendigen Restaurants. Der schönste Teil des Viertels liegt zwischen Markthalle und Parc des Batignolles, wo viele Cafés und Läden liegen. Rund um diesen Park gibt es regelmäßig Veranstaltungen, zum Beispiel Antikmärkte.

La Butte (der Hügel) von **Montmartre** im 18. Arrondissement thront über allem. Vor einem Jahrhundert war dieses Viertel mit den verwinkelten Gassen und seiner umwerfenden Aussicht ein Dorf außerhalb von Paris. Ende des 19. Jahrhunderts wurde es zum Magneten für Künstler wie Cézanne, van Gogh, Renoir und Toulouse-Lautrec. Letzterer verewigte das Theaterleben in seinen Bildern. Die Anziehungskraft von Montmartre auf Künstler ist geblieben. Hier leben Maler, Fotografen, Regisseure und Journalisten. Diese Atmosphäre atmest du auf dem **Place du Tertre**. Der Besuch von La Butte bedeutet ein Auf und Ab durch Gassen. Die Belohnung ist einzigartig, der Ausblick vom höchsten Punkt von Paris bei **Sacré-Cœur** ist fantastisch!

Montmartre ist durch die unterschiedlichen Läden und Cafés reizvoll. Auf dem **Place des Abbesses**, dem nicht touristischen Herzen des Viertels, sorgen Straßenmusiker für eine tolle Atmosphäre. Auch die schöne Architektur in der Avenue Junot und **Villa Léandre** tragen zum einzigartigen Charakter bei. Man kennt sich, das schafft eine dorfähnliche Stimmung. Besondere Feste in Montmartre, wie die Fête des Vendages, betonen die lokale Kultur. Das Viertel ist auch für sein Nachtleben bekannt. Rund um **Moulin Rouge** und Place Pigalle findet man Nachtclubs und Sexshops, dazwischen aber auch Adressen für einen gemütlichen Abend. Bei einer Show im Moulin Rouge kannst du die Atmosphäre des Viertels hautnah erleben.

WENIG ZEIT? DAS SIND DIE HIGHLIGHTS:
PLACE DU TERTRE + BASILIQUE DU SACRÉ-CŒUR + LE MUR DES JE T'AIME + CIMETIÈRE DE MONTMARTRE + LA FOURMI

TIPPS
// Morgens sind noch viele Läden geschlossen.
// Mix von hippem Wohnviertel & Künstlerviertel Montmartre
// Auf und Ab

BATIGNOLLES & MONTMARTRE

1 Marché des Batignolles
2 Coretta
3 Les Puces des Batignolles
4 Les Petits Raffineurs
5 Hast
6 Les Caves Populaires
7 LE BAL
8 Cimetière de Montmartre
9 Terrass Hotel
10 Café des Deux Moulins
11 Cinéma Studio 28
12 Le Très Particulier
13 Villa Léandre
14 Marcel
15 Place Dalida
16 Au Lapin Agile
17 Les vignes de Montmartre
18 Musée de Montmartre
19 Place du Tertre
20 Basilique du Sacré-Cœur
21 La Maison qui Coule
22 Hardware Société
23 L'Été en Pente Douce
24 Le Rideau de Fer
25 Halle Saint-Pierre
26 Marché Saint-Pierre
27 By Flowers
28 La Fourmi
29 Petite Mendigote
30 Tienda Esquipulas
31 Sylon de Montmartre
32 Héroïnes
33 Ekyog
34 La Chaise Longue
35 Le mur des je t'aime
36 Le Coq & Fils
37 Le Moulin de la Galette

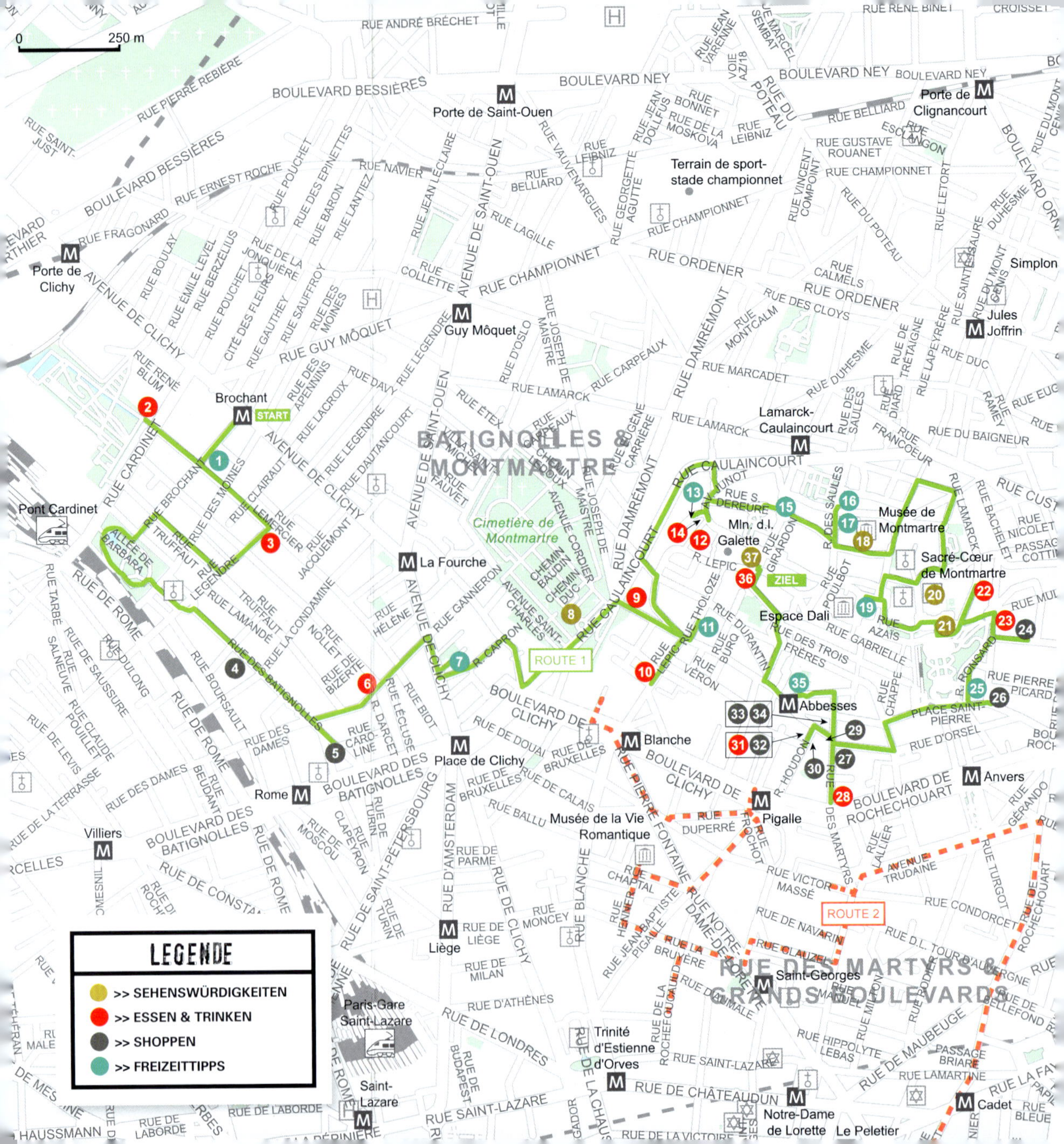
0
250 m
BATIGNOLLES & MONTMARTRE
RUE DES MARTYRS & GRANDS BOULEVARDS
START
ZIEL
ROUTE 1
ROUTE 2
LEGENDE
>> SEHENSWÜRDIGKEITEN
>> ESSEN & TRINKEN
>> SHOPPEN
>> FREIZEITTIPPS
Porte de Saint-Ouen
Porte de Clignancourt
Porte de Clichy
Guy Môquet
Brochant
Lamarck-Caulaincourt
Jules Joffrin
Simplon
La Fourche
Place de Clichy
Blanche
Abbesses
Pigalle
Anvers
Rome
Villiers
Liège
Saint-Georges
Trinité d'Estienne d'Orves
Notre-Dame de Lorette
Le Peletier
Cadet
Saint-Lazare
Paris-Gare Saint-Lazare
Pont Cardinet
Cimetière de Montmartre
Musée de Montmartre
Sacré-Cœur de Montmartre
Mln. d.l. Galette
Espace Dali
Musée de la Vie Romantique
Terrain de sport-stade championnet
BOULEVARD BESSIÈRES
BOULEVARD NEY
AVENUE DE CLICHY
AVENUE DE SAINT-OUEN
RUE CHAMPIONNET
RUE ORDENER
RUE MARCADET
RUE LAMARCK
RUE CAULAINCOURT
RUE DAMRÉMONT
RUE LEGENDRE
RUE DES MOINES
RUE CARDINET
RUE DE ROME
RUE DES BATIGNOLLES
BOULEVARD DES BATIGNOLLES
BOULEVARD DE CLICHY
BOULEVARD DE ROCHECHOUART
RUE LEPIC
RUE DES MARTYRS
RUE PIERRE FONTAINE
RUE NOTRE-DAME-DE-LORETTE
RUE DE LONDRES
RUE SAINT-LAZARE
RUE DE CHÂTEAUDUN
RUE D'AMSTERDAM
RUE DE CLICHY
RUE BLANCHE
AVENUE TRUDAINE
RUE CONDORCET
RUE DE MAUBEUGE

BESCHREIBUNG ROUTE 1 (ca. 9 km)

Gehe von der Metro Brochant vorbei am Markt zur Rue Brochant 1. An der Rue Lemercier rechts zu einem ungewöhnlichen Restaurant 2 oder links und dann rechts in die Rue Legendre 3. Gehe rechts in die Rue Truffaut und biege in der Rue Brochant links zum Park ab. Verlasse diesen durch den Haupteingang, überquere den Platz und die Rue Legendre bis zur Rue des Batignolles 4. Laufe zur Rue des Dames und geradeaus für Herrenmode 5 oder links 6 zur Avenue de Clichy. Überquere diese und gehe rechts. Für Kunst und Kaffee 7 nach links in die Impasse de la Défense. Ansonsten nimm die nächste links. Am Ende dieser Straße rechts und dann links. Überquere die Brücke über den Friedhof 8. Dann rechts in die Rue Joseph de Maistre und genieße die Aussicht 9. Nach dem kleinen Platz rechts zu einem bekannten Café 10 oder links in die Rue Tholozé für Filme 11. Ansonsten biege in die Rue Lepic ein. Nimm die erste links und dann rechts zur Rue Caulaincourt. Gehe rechts in die Rue Juste Métivier und die Treppe hinauf. Biege rechts in die Avenue Junot ein. Rechts am Schild *Voie privée* gelangst du über eine Treppe zu einer Cocktailbar 12. Gehe zurück und schaue dir die Häuser links an 13 14. Laufe ein Stück zurück, gehe in die Rue Simon Dereure und die Treppe hinauf zum Place Dalida 15. Gehe bis zur Rue des Saules, wo du links eine Kabarettvorstellung 16 und einen Weingarten 17 besuchen kannst. Laufe zurück und links in die Rue Cortot 18. Jetzt links bis zur Rue Lamarck, wo du rechts abbiegst. Gehe rechts in die Rue de la Bonne und die Treppe hinauf. Nun rechts in die Rue du Chevalier de la Barre und am Ende links. Rechts liegt der Place du Tertre 19. Links geht es zu Sacré-Cœur 20. Gehe vor der Kirche eine Treppe hinunter für Fotos 21. Laufe links wieder hinauf und geradeaus in die Rue Lamarck für einen australischen Brunch 22 oder rechts in die Rue Maurice Utrillo 23. Gehe die Treppe hinunter. Links befindet sich ein Plattenladen 24, weiter unten ein Kulturzentrum 25 und der Stoffmarkt 26. Weiter über den Place Saint-Pierre und die Rue Tardieu bis zur Rue des Trois Frères. Gehe links und dann rechts in die Rue d'Orsel zur Rue des Martyrs. Dort links zu einem Vintage-Laden 27 und einem Drink 28 oder rechts und sofort links für nette Geschäfte und Kaffee 29 30 31 32. Nun zurück zur Rue des Martyrs und nach links 33 34. Gehe am Ende links zum Place des Abbesses 35. Über den Platz und rechts in die Rue des Abbesses und rechts in die Rue Ravignan. Geradeaus die Treppe hinauf und über den Platz und links in die Rue d'Orchampt. Die Gasse rechts weiter 36 und zur Windmühle 37.

SEHENSWÜRDIGKEITEN

(8) Der schöne Friedhof **Cimetière de Montmartre** wurde 1825 eröffnet. Hier ruhen berühmte Persönlichkeiten wie die Sängerin Dalida, der Dichter Heinrich Heine und der Maler Edgar Degas.

20, Avenue Rachel, 18. Arr., paris.fr/lieux/cimetiere-de-montmartre-5061, 6. Nov.–15. März: Mo–Fr 8.00–17.30, Sa 8.30–17.30, So 9.00–17.30 Uhr, 16. März–5. Nov. Mo–Fr 8.00–18.00, Sa 8.30–18.00, So 9.00–18.00 Uhr, Metro 2, 13 Place des Clichy

(18) Das **Musée de Montmartre** liefert einen guten Überblick über die künstlerische, politische und religiöse Geschichte des Viertels. Es gibt ein Modell des alten Dorfes, Clignancourt-Porzellan und eine wunderbare Sammlung von Plakaten aus dem Goldenen Zeitalter von Montmartre.

12–14, Rue Cortot, 18. Arr., museedemontmartre.fr, tgl. 10.00–18.00 Uhr, Eintritt 15 €, Metro 12 Lamarck – Caulaincourt

(20) Die **Basilique du Sacré-Cœur** steht auf dem Hügel von Montmartre. Sie wurde Ende des 19. Jahrhunderts als Vergebung für das Blutvergießen im Französisch-Deutschen Krieg gebaut. Steige die 222 Stufen hinauf (oder nimm den Aufzug) und du hast einen tollen Blick auf Paris. In der Kuppel befindet sich ein großes Mosaik mit einer der größten Jesusdarstellungen der Welt.

35, Rue du Chevalier-de-la-Barre, 18. Arr., sacre-coeur-montmartre.com, tgl. 6.30–22.30 Uhr, Eintritt frei, Metro 12 Abbesses

(21) Das Haus scheint im Boden zu versinken! **La Maison qui coule** ist natürlich kein echtes versinkendes Haus, aber mit einem Foto kannst du die Illusion erzeugen. Halte Kamera oder Handy parallel zum Rasen und das orange Gebäude scheint unterzugehen.

2, Rue Lamarck, 18. Arr., Metro 2 Anvers

(37) Im 16. Jahrhundert dominierten Windmühlen den Montmartre. Sie wurden zum Mahlen von Mehl und Pressen der Trauben genutzt. Nur wenige sind erhalten, darunter **Le Moulin de la Galette**. Heute beherbergt sie ein Restaurant.

83, Rue Lepic, 18. Arr., moulindelagaletteparis.com, tgl. 8.00–24.00 Uhr, Metro 12 Lamarck – Caulaincourt

20

8

8

ESSEN & TRINKEN

② Im **Coretta** trifft Michelin-würdige Haute Cuisine auf mexikanisches Comfort-Food. Das Restaurant befindet sich im Martin Luther King Park und ist nach der Frau des Freiheitskämpfers benannt. Die Einrichtung ist modern und stilvoll, und vom zweiten Stock aus hat man einen Blick auf die Baumkronen des Parks. Die Gerichte sind bunt und echte Kunstwerke. Und unglaublich lecker!

151 bis, Rue Cardinet, 17. Arr., Tel. +33 1-42265555, restaurantcoretta.com, Di–Sa 12.00–14.00 & 19.30–22.00 Uhr, Menü 29 €, Metro 13 Brochant

③ **Les Puces des Batignolles** ist ganztägig geöffnet. Am Wochenende besteht der Brunch aus einem „süßen" Korb mit Croissants und Konfitüre, einem herzhaften Hauptgericht mit Burgern und/oder Ei, und dazu Kaffee, Tee oder frischer Saft. Im Rest der Woche variiert die Karte. Da der Brunch so beliebt ist, solltest du früh sein, denn sie reservieren nicht.

110, Rue Legendre, 17. Arr., Tel. +33 142266226, Insta @pucesdesbatignolles, tgl. 8.00–1.00 Uhr, Brunch 26 €, Menü 17 €, Metro 13 Brochant

⑥ **Les Caves Populaires** ist ein gemütliches Viertelcafé mit studentischem Publikum. Bestelle eine Käseplatte und ein Glas Wein, dann plaudere mit den Tischnachbarn.

22, Rue des Dames, 17. Arr., Tel. +33 153040832, FB @lescaves.populaires, Mo–Sa 8.30–2.00, So 9.00–2.00 Uhr, Glas Wein 4,50 €, Metro 2, 13 Place de Clichy

⑨ Im siebten Stock des **Terrass Hotel** liegt ein Panorama-Restaurant mit Rooftop-Bar und fantastischem Blick über die Stadt. Für das Restaurant am besten über die Website reservieren, für die Rooftop-Bar gibt es keine Reservierungen.

12–14, Rue Joseph de Maistre, 18. Arr., Tel. +33 146067285, terrass-hotel.com, Bar Di–Sa 15.30–0.30, So–Mo 15.30–23.30, Frühstück tgl. 7.00–10.30, mittags Mo–Fr 12.00–14.30, abends Di–Sa 19.00–22.30 Uhr, Frühstück 25 €, Hauptgericht 34 €, Cocktail 17 €, Metro 2 Blanche, 12 Abbesses

(10) Das **Café des Deux Moulins** ist seit dem Erfolgsfilm *Die fabelhafte Welt der Amélie* sehr beliebt. Die Heldin des Films arbeitet in diesem Café. Genieße eine *crème brûlée d'Amélie* und einen Kaffee auf der Terrasse.

15, Rue Lepic, 18. Arr., Tel. +33 142549050, cafedesdeuxmoulins.fr, Mo–Fr 7.00–2.00, Sa–So 9.00–2.00 Uhr, Preis 16 €, Metro 2 Blanche

(12) **Le Très Particulier** ist nicht leicht zu finden, aber wenn man sich einmal den Weg durch eine abgelegene Straße zum Innenhof des luxuriösen Hôtel Particulier Montmartre gebahnt hat, dann weiß man, warum die Pariser so gern hierherkommen. Tagsüber wird im lauschigen Garten und im Wintergarten Tee serviert, abends trinkt man hier Cocktails und Prosecco in intimem und luxuriösem Ambiente mit roten Samtsesseln und bei Kerzenschein.

23, Avenue Junot, 18. Arr., Tel. +33 153418140, hotelparticulier.com, tgl. 18.00–2.00 Uhr, Cocktail 16 €, Metro 12 Lamarck – Caulaincourt

(14) **Marcel** ist ein Café im New-York-Style und liegt an der Ecke der hübschen Gasse Villa Léandre. Auf der Karte stehen hauptsächlich britische und amerikanische Gerichte wie *eggs Benedict* und *blueberry pancakes*. Dieses dunkle, kleine, aber feine Restaurant ist bei den hippen Einheimischen enorm populär. Marcel hat darum auch andere Filialen an beliebten Plätzen eröffnet, etwa im 7. Arrondissement (15, Rue de Babylone).

1, Villa Léandre, 18. Arr., Tel. +33 146060404, restaurantmarcel.fr, Mo–Fr 10.00–22.00, Sa–So 10.00–18.00 Uhr, Preis 18 €, Metro 12 Lamarck – Coulaincourt

(22) Unter dem Motto „*No Eggs on Toast*" bekommt das französische *petit-déjeuner* bei **Hardware Société** einen australischen Kick. Genieße ein herzhaftes *mille-feuille* (Blätterteiggebäck) oder probiere ein gewagtes Crossover von französischer Brioche und australischem *lamington* (Butterkuchen mit Schokolade oder Erdbeere und Kokosraspel). Sowohl das süße wie auch das herzhafte Frühstück schmecken gut.

10, Rue Lamarck, 18. Arr., Tel. +33 142516903, hotelparticulier.com, Mo–Fr 9.30–15.30 Sa–So 9.30–16.00 Uhr, Preis 16,50 €, Metro 4 Château Rouge

14

31

28

28
les Snacks

(23) Wenn du die Treppen von Sacré-Cœur hinunterläufst, taucht hinter den Bäumen eine Terrasse mit bunten Tischen auf. **L'Été en Pente Douce** ist ein schöner Platz für eine Pause mit französischer Küche und täglich wechselnder Karte. Das Restaurant liegt etwas abseits der Touristenströme und dank des aufmerksamen Personals ist die Atmosphäre immer freundlich.
8, Rue Paul Albert, 18. Arr., Tel. +33 142640267, lete-en-pente-douce.business.site, tgl. 12.00–23.00 Uhr, Preis 17,50 €, Metro 2 Anvers

(28) Die retro-industrielle Rock-'n'-Roll-Bar **La Fourmi** ist berühmt als Ort, an dem Bands sich warmspielen, bevor sie bei den Nachbarn von La Pigalle auftreten. Aber auch nach den Auftritten geht es hier rund. Nimm ein paar Flyer aus der Bar mit, damit du weißt, was im Viertel los ist. Hierher kommt man vor allem, um etwas zu trinken. Für den kleinen Hunger gibt es eine Karte mit Snacks.
74, Rue des Martyrs, 18. Arr., Tel. +33 142647035, FB @thomascubat, Mo–Do 8.00–2.00, Fr 8.00–14.00, Sa 9.00–4.00, So 10.00–2.00 Uhr, Drink 3,80 €, Metro 2, 12 Pigalle

(31) *„Kaffee, Brunch, Montmartre"* ist der Slogan des **Sylon de Montmartre**. Hier genießt du Kaffee von speziell gerösteten Bohnen, selbst gebackenen Kuchen und einen köstlichen Brunch (probiere unbedingt die Pancakes).
4 bis, Rue Piémontési, 18. Arr., Tel. +33 142575810, sylondemontmartre.com, Mo–Fr 8.30–18.00, Sa–So 9.30–18.00 Uhr, Brunch 13 €, Metro 12 Abbesses

(36) Schon bei der Eröffnung war das schicke **Le Coq & Fils** ein Erfolg. Auf der Karte steht ausschließlich Geflügel – daher der Name. Probiere Hühnersuppe, Hähnchenleber oder ein Brathähnchen aus dem Ofen und teil es dir mit deiner Begleitung. Es gibt auch eine Karte für Vegetarier. Der ehemalige Dreisternekoch serviert dann Ei statt Hähnchen.
98, Rue Lepic, 18. Arr., Tel. +33 142598289, lecoq-fils.com, tgl. 12.00–15.00 & 19.00–23.30 Uhr, Mittagessen 19 €, Metro 12 Abbesses

SHOPPEN

(4) Ein Besuch im bunten **Les Petits Raffineurs** ist ein Genuss. Dort kannst du schöne Geschenke für Kinder kaufen, zum Beispiel einen Tierrucksack, ein Croissant-Backset. Viele Produkte sind aus umweltfreundlichen Materialien hergestellt.
39, Rue des Batignolles, 17. Arr., lespetitsraffineurs.com, Di–Fr 11.00–19.30, Sa 10.30–19.00 Uhr, Metro 2, 13 Place de Clichy

(5) Bei **Hast** findest du zeitlose und stilvolle Herrenmode. Durch hochwertige Materialien und eine umweltbewusste Produktion entsteht qualitativ gute Bekleidung zu einem fairen Preis. Eine nachhaltige und schöne Marke.
7, Rue des Batignolles, 17. Arr., hast.fr, Mo–Sa 11.00–19.30 Uhr, Metro 2 Rome

(24) Um die Mittagszeit öffnen sich die mit Graffiti verzierten Fensterläden des Plattenladens **Le Rideau de Fer** und du kannst zwischen all dem Vinyl stöbern. Von *la variété française* bis zu den Beatles, von Pop und Rock bis zu Jazz ist alles in Kisten sortiert. Für alle, die ein wenig Französisch sprechen: Es werden auch Comics verkauft.
12, Rue André del Sarte, 18. Arr, lerideaudefer.com, Mo–Sa 12.30–19.00 Uhr, Metro 2, 4 Barbès – Rochechouart, 4 Chateau Rouge

(26) Der **Marché Saint-Pierre** ist der bekannteste Stoffmarkt in Paris. Schlendere durch die sieben Etagen und bestaune die riesige Auswahl an Stoffen, Knöpfen, Garnen und vielem mehr. Schaue auch bei Tissus Reine auf der Place Saint-Pierre auf der anderen Straßenseite vorbei. Die Schaufensterpuppen im Laden zeigen die neuesten Stofftrends.
2, Rue Charles Nodier, 18. Arr., marchesaintpierre.com, Mo–Fr 10.00–18.30, Sa 10.00–19.00 Uhr, Metro 2 Anvers

(27) **By Flowers** ist ein Vintage-Laden, wie man ihn von früher kennt. Ohne Regale voll fein säuberlich farblich sortierter, überteuerter Kleidung. Man kann hier immer noch stöbern und muss ein bisschen suchen, um ein Topteil zum tollen Preis zu finden. Du kannst auch handeln. Hier wirst du mit einem Lächeln empfangen und verabschiedet.
86, Rue des Martyrs, 18. Arr., Insta @byflowersparis, tgl. 11.00–20.00 Uhr, Metro 12 Abbessess

(29) Möchtest du aussehen wie Jane Birkin oder Brigitte Bardot? Dann ist **Petite Mendigote** die richtige Adresse für dich. Diese französische Marke macht romantische, feminine Kleidung, in der du, so Gründerin Sybille, zur Arbeit und zum Abendessen gehen kannst.
1, Rue des Abbesses, 18. Arr., petitemendigote.com, Mo 13.00–19.00, Di 11.00–19.00, Mi–Fr 11.00–14.00 & 14.45–19.00, Sa. 10.30–19.30, So. 13.00–19.00 Uhr, Metro 12 Abbesses

(30) **Tienda Esquipulas** ist der Laden, in dem die Guatemaltekin Ana seit über zwanzig Jahren ihre Kultur in Paris liebevoll weitergibt. Hier findest du allerlei handgefertigte Dinge aus Guatemala und Mexiko, wie fröhliche Kerzen und Votivfiguren. Die Inhaberin kauft direkt bei den Herstellern und arbeitet am liebsten mit Produzenten zusammen, die Frauen in ihrer Selbstständigkeit unterstützen.
20, Rue Houdon, 18. Arr., esquipulas.fr, Mo 12.30–18.00, Di–Fr 12.00–20.00, Sa 11.00–20.00, So 13.15–18.30 Uhr, Metro 12 Abbesses

(32) Man kommt nicht drum herum: Die farbenfrohen, sehr femininen Kleider von **Héroïnes** zwingen einen fast dazu, hineinzugehen. Es gibt Größen für

23

31

3
LEs Puces des BatignoLLes

28

6
CHALET
caves populaires

22

zierliche Frauen und Kleider, die auf jeder Party die Blicke auf sich ziehen. Auch die Accessoires sind die Mühe wert: Ledergürtel in allen Farben, Schuhe und feminine Manschettenknöpfe.
7, Rue des Abbesses, 18. Arr, heroines.fr, tgl. 11.00–20.00 Uhr, Metro 12 Abbesses

㉝ Nachhaltig und fair, das ist **Ekyog**. Freue dich auf verspielte, feminine Kleidung mit schönen Prints und fröhlichen Farben. Diese französische Marke ist ein Pionier in Sachen nachhaltige Mode und beweist, dass nachhaltig nicht langweilig sein muss.
89, Rue des Martyrs, 18. Arr., ekyog.com, Di–Sa 11.00–14.00 & 15.00–19.30, So 13.30–19.30 Uhr, Metro 12 Abbesses

㉞ **La Chaise Longue** ist ein niedlicher Geschenkeladen, in dem sie Produkte ihrer eigenen Marke verkaufen. Das sind praktische Produkte für den Haushalt, aber oft mit einer witzigen oder unerwarteten Wendung, wie ein „Taschenmesser" mit Grillutensilien, eine futuristische Weinkaraffe oder ein Karaoke-Mikrofon fürs Smartphone. Dieser Laden macht gute Laune!
91, Rue des Martyrs, 18. Arr., lachaiselongue.fr, Mo–Fr 11.00–19.00, Sa–So 10.30–19.00 Uhr, Metro 12 Abbesses

FREIZEITTIPPS

① Der **Marché des Batignolles** ist eine Markthalle. Hier findest du französische Produkte in Hülle und Fülle: Gemüse, Käse, Fleisch und Fisch. Du wirst auch libanesische, marokkanische, afrikanische, italienische und spanische Produkte entdecken. Gehe unbedingt zum iranischen Stand in der Mitte des Markts. Die Oliven-Gemüse-Tapenade ist unübertroffen und du kannst direkt probieren.
24 ter, Rue Brochant, 17. Arr, paris.fr/lieux/marche-couvert-batignolles-5517, Di–Fr 9.00–14.00 & 16.00–20.30, Sa 8.30–20.30, So 8.30–14.00 Uhr, Eintritt frei, Metro 13 Brochant

⑦ An der Stelle, an der in den 1920er-Jahren ein Tanzsaal stand, befindet sich heute **LE BAL**: einer der Hotspots des Viertels. In diesem Ausstellungsraum präsentieren moderne Fotografen und Videokünstler ihre Werke, ergänzt um einen Laden mit luxuriösen Kunstbüchern. In der Kaffeeecke kannst du am Wochenende einen englischen Brunch genießen.

6, Impasse de la Défense, 18. Arr., le-bal.fr, Mi 12.00–20.00, Do–So 12.00–19.00 Uhr, Eintritt 8 €, Metro 2, 13 Place de Clichy

(11) Schau beim **Cinéma Studio 28**, was auf dem Programm steht. Dieses Viertelkino wurde Ende des 19. Jahrhunderts eröffnet und der Saal hat seinen Originalcharakter erhalten. Künstler wie Jean Cocteau und André Breton veranstalteten hier ihre Perfomances. Bei gutem Wetter ist der Innenhof ein schöner Ort für eine kurze Rast.

10, Rue Tholozé, 18. Arr., cinema-studio28.com, Öffnungszeiten siehe Website, Eintritt Kino 10 €, Metro 2 Blanche, 12 Abbesses

(13) Die hübsche Sackgasse **Villa Léandre** fällt durch ihren englisch anmutenden Baustil auf, denn Backsteinhäuser findet man kaum mehr in Paris. Früher hieß sie Villa Junot, später wurde sie nach einer bekannten Persönlichkeit des Montmartre benannt: dem Humoristen Léandre.

Villa Léandre, 18. Arr., Metro 12 Lamarck – Caulaincourt

(15) **Place Dalida** liegt vor dem Château des Brouillards und wird von einer Statue der Sängerin Dalida geziert. Sie ist in Frankreich und vor allem in Montmartre, wo sie lange Zeit lebte und 1987 auch starb, ein Begriff. Ihre Lieder sind noch immer im Radio zu hören. Sie ist auf dem Friedhof von Montmartre begraben. Von dem charmanten kleinen Platz aus blickst du auf die Rue de l'Abreuvoir mit ihren historischen, farbenfrohen Häusern und das majestätische Dach von Sacré-Cœur.

Place Dalida, 18. Arr., Metro 12 Lamarck – Coulaincourt

(16) Neugierig, was man in diesem lachsrosa Häuschen mit den grünen Fensterläden machen kann? Abends kannst du im **Au Lapin Agile** eine Kabarettvorstellung besuchen. Lokale Künstler singen Chansons, die dich in das alte Montmartre zurückversetzen. Wenn du französische Musik magst, ist diese Adresse ein Muss.

22, Rue des Saules, 18. Arr., au-lapin-agile.com, Di & Do–Sa 21.00-1.00 Uhr, Eintritt mit Getränk 35 €, Metro 12 Lamarck – Caulaincourt

13

15

17

19

19

35

t'aime
NIMITZTLAZOTLA
Ke ao rata
Ti Amo
Ngiyakuthanda
Alen seni söyjarin
rada te imam
Maite zaitut
Ina lee minogu te mitivam

(17) Vor 2000 Jahren brachten die Römer den Weinbau nach Paris. Die Weinproduktion war damals ein lukratives Geschäft. Auf dem Montmartre gibt es noch 2000 Rebstöcke: **Les vignes de Montmartre**. Über die Website des Musée de Montmartre kann man eine Weinverkostung und eine Besichtigung des Weinbergs buchen. Während der Weinlese, am zweiten Wochenende im Oktober, finden in Montmartre Straßenfeste statt. Dann gibt es Musik und Gelegenheit, einen Wein aus dem Pariser Weinberg zu probieren.
Ecke Rue des Saules und Rue Saint-Vincent, 18. Arr., museedemontmartre.fr/events/visite-des-vignes-du-clos-montmartre-et-du-musee-de-montmartre, Eintritt Weinberg mit Besichtigung & Verkostung 36 €, Metro 12 Lamarck – Caulaincourt

(19) Montmartre war einst bei Dichtern und Malern sehr beliebt. Vielleicht wimmelt es deshalb auf dem belebten touristischen **Place du Tertre** von Künstlern, die Porträts zeichnen wollen. Auch die Souvenirläden und Cafés dort machen sich die reiche künstlerische Vergangenheit des Viertels zunutze.
Place du Tertre, 18. Arr., Metro 12 Abbesses

(25) Im 19. Jahrhundert war die **Halle Saint-Pierre** das Zentrum des Textilhandels. Heute beherbergt das prächtige Gebäude aus Glas und Metall das Musée d'Art brut et d'Art singulier. Hier gibt es Wechselausstellungen, Vorträge und ein gemütliches (Restaurant-)Café zum Zeitunglesen. Besuche unbedingt die Buchhandlung mit schönen Postkarten.
2, Rue Ronsard, 18. Arr., hallesaintpierre.org, Mo–Fr 11.00–18.00, Sa 11.00–19.00, So 12.00–18.00 Uhr, Eintritt Ausstellung 10 €, Metro 2 Anvers

(35) In einem kleinen öffentlichen Garten hinter dem Place des Abbesses, dem Jehan-Rictus-Platz, wurde im Jahr 2000 **Le mur des je t'aime**, die Mauer der Liebe, errichtet. Auf ihr steht 311-mal „Ich liebe dich", in allen Sprachen und Dialekten der Welt. Man muss schon etwas suchen, aber auch Deutsch steht irgendwo dazwischen.
Place des Abbesses, 18. Arr., lesjetaime.com, Metro 12 Abbesses

ROUTE 2

QUARTIER DES MARTYRS, GRANDS BOULEVARDS, LOUVRE & MADELEINE

INFOS ZUR ROUTE

Du beginnst am rechten Ufer der Stadt, im 9., 1. und 2. Arrondissement. Der Spaziergang ist ein Mix aus Shoppen und Kultur. Schaufenster gucken kannst du in der Rue des Martyrs und in diversen Einkaufspassagen. Und Kunst gibt es in den kleinen Museen am Weg, im Garten des Palais Royal und im Louvre. Halte dich an die vorgeschlagene Reihenfolge, sonst wird die Route zur Klettertour!

DIE VIERTEL

Das nördliche Viertel zwischen Notre-Dame de Lorette, Trinité und Place Pigalle im 9. Arrondissement wird auch als goldenes Künstlerdreieck bezeichnet. In der zweiten Hälfte des 19. Jahrhunderts war es ein beliebtes *quartier* bei Künstlern und Intellektuellen wie Sand, Delacroix und Chopin. Dieser Stadtteil wird von klassischer Architektur mit *hôtels particuliers* (Stadtpalais), charmanten Plätzen, ruhigen Innenhöfen und kleinen Museen bestimmt. Die Rue des Martyrs ist die bekannteste Straße des Viertels. Hier findest du ein variiertes Angebot an Läden sowie nette Ess- und Trinkgelegenheiten. Es ist herrlich, hier sonntags zwischen den Einheimischen zu brunchen.

Am *Rive Droite* (rechtes Ufer) und rund um die **Grands Boulevards** gibt es viele luxuriöse Einkaufsgalerien wie **Galerie Vivienne**. Sie stammen aus der ersten Hälfte des 19. Jahrhunderts und wurden im Auftrag reicher Anwohner errichtet, die an Regentagen beim Einkauf nicht nass werden wollten. An den Grands Boulevards liegen große Kaufhäuser wie **Galeries Lafayette** und **Printemps**. Rund um den Platz mit der großen neoklassizistischen Kirche **La Madeleine** findest du Delikatessenläden und Teesalons.

Im 1. und 2. Arrondissement stehen viele berühmte Gebäude. Der **Louvre** stammt aus dem 11. Jahrhundert und wurde später um den Cour Carré und die

Tuileries erweitert. Der Bau des **Palais Royal** begann 1622 im Auftrag vom Kardinal Richelieu, später zogen königliche und hochstehende Bewohner ein. Im 18. Jahrhundert wurde der Garten für das Publikum geöffnet, für die Polizei hingegen gesperrt. Er wurde schnell zum Zentrum alles Illegalen. Trotz der turbulenten Vergangenheit hat er seinen Charme bewahrt.

WENIG ZEIT? DAS SIND DIE HIGHLIGHTS:
JARDIN DU PALAIS ROYAL + MUSÉE DU LOUVRE + MUSÉE DES ARTS DÉCORATIFS + LA MADELEINE + GALERIE VIVIENNE

QUARTIER DES MARTYRS, GRANDS BOULEVARDS, LOUVRE & MADELEINE

1. Le Moulin Rouge
2. Le Bar à Bulles
3. Le Dépanneur
4. Pink Mamma
5. Playground Duperré
6. Bouillon Pigalle
7. Berliner Wunderbar
8. Musée de la Vie Romantique
9. Musée Gustave Moreau
10. Pois Plume
11. Juju s'amuse
12. Hôtel Amour
13. Le Pantruche
14. KB Coffeeroasters
15. Dunkerque
16. À la Mère de Famille
17. Bouillon Chartier
18. Daroco
19. Galerie Vivienne
20. Place des Victoires
21. Micho
22. Jardin du Palais Royal
23. Café Kitsuné
24. Kodawari Tsukiji
25. Musée du Louvre
26. Musée des Arts Décoratifs
27. LouLou
28. L'Absinthe
29. Place Vendôme
30. Rue Cambon
31. L'Opéra Garnier
32. Les Grands Magasins
33. Musée du Parfum
34. L'Olympia
35. La Madeleine
36. Paris London
37. La Maison de la Truffe
38. Fauchon

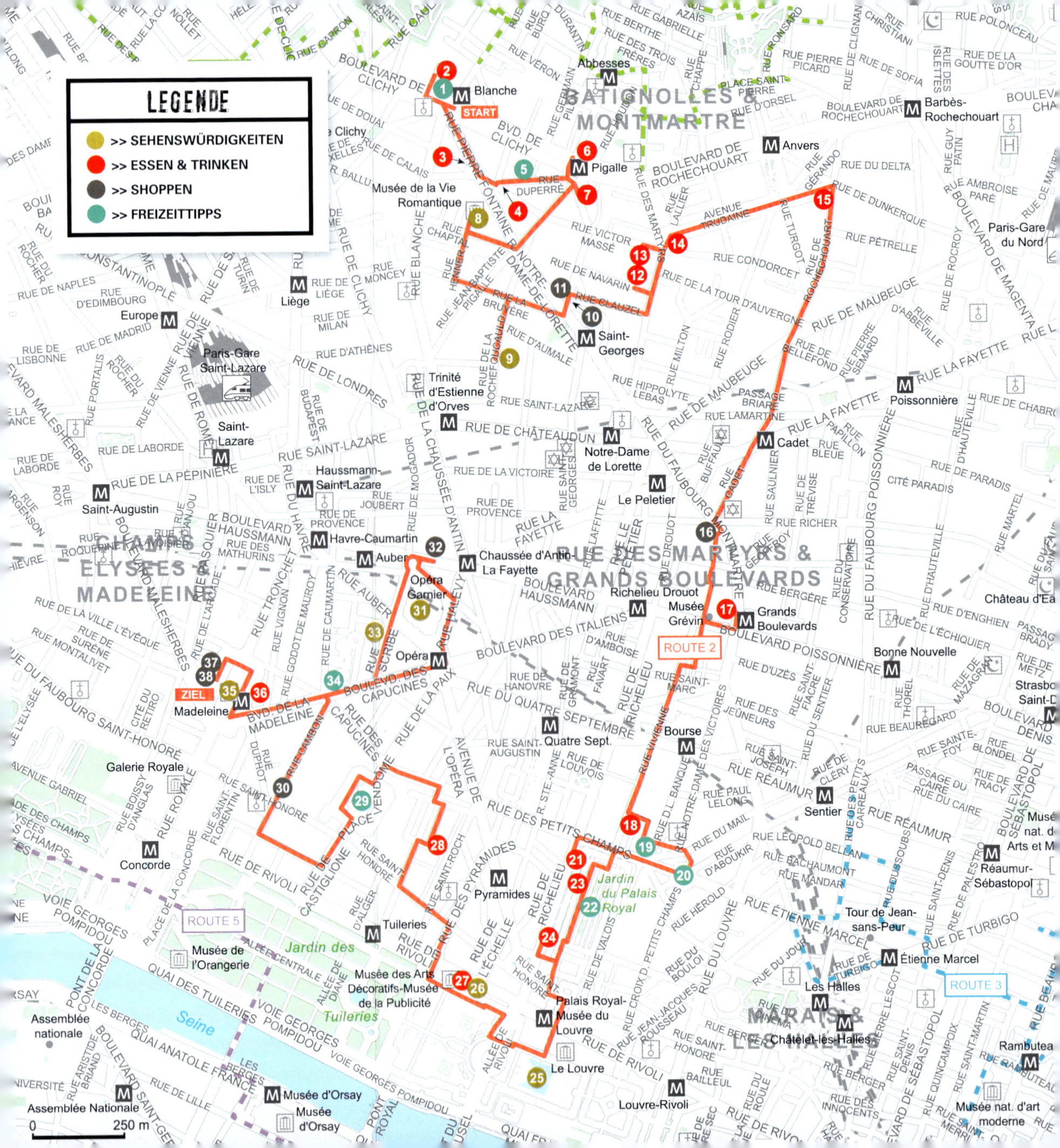

LEGENDE
>> SEHENSWÜRDIGKEITEN
>> ESSEN & TRINKEN
>> SHOPPEN
>> FREIZEITTIPPS
BATIGNOLLES & MONTMARTRE
RUE DES MARTYRS & GRANDS BOULEVARDS
CHAMPS-ELYSÉES & MADELEINE
MARAIS & LES HALLES
START
ZIEL
ROUTE 2
ROUTE 3
ROUTE 5
Blanche
Pigalle
Abbesses
Anvers
Barbès-Rochechouart
Paris-Gare du Nord
Musée de la Vie Romantique
Saint-Georges
Liège
Europe
Paris-Gare Saint-Lazare
Saint-Lazare
Trinité d'Estienne d'Orves
Notre-Dame de Lorette
Le Peletier
Cadet
Poissonnière
Haussmann-Saint-Lazare
Havre-Caumartin
Saint-Augustin
Auber
Chaussée d'Antin-La Fayette
Opéra Garnier
Opéra
Richelieu Drouot
Musée Grévin
Grands Boulevards
Bonne Nouvelle
Château d'Eau
Strasbourg Saint-Denis
Madeleine
Galerie Royale
Quatre Sept.
Bourse
Sentier
Concorde
Pyramides
Tuileries
Jardin des Tuileries
Jardin du Palais Royal
Musée de l'Orangerie
Musée des Arts Décoratifs-Musée de la Publicité
Palais Royal-Musée du Louvre
Le Louvre
Louvre-Rivoli
Tour de Jean-sans-Peur
Étienne Marcel
Les Halles
Châtelet-les-Halles
Réaumur-Sébastopol
Musée nat. des Arts et Métiers
Rambuteau
Musée nat. d'art moderne
Assemblée nationale
Musée d'Orsay
Seine
0 250 m

BESCHREIBUNG ROUTE 2 (ca. 11,1 km)

Gehe von der Metro Blanche zur roten Windmühle 1, rechts in der Gasse liegt eine nette Bar 2. Kehre zum Place Blanche zurück und laufe zur Rue Pierre Fontaine 3. Jetzt zweimal links 4 und dann rechts in die Rue Duperré zu einem Basketballplatz 5. Am Ende der Straße links kannst du auf der Seite gegenüber traditionell französisch essen 6. Gehe zurück und trinke ein deutsches Bier 7 in der dritten Straße rechts. Spaziere zurück und nimm die erste Straße links. An der Fünf-Wege-Kreuzung in die Rue Chaptal und zum Museum in der Gasse rechts 8. Nun zweimal links. Auf der Hälfte der Gasse kommst du, wenn du rechts abbiegst, zu einem Künstlerhaus 9. Oder gehe weiter bis zur Kreuzung. Überquere diese und gehe in die Rue Henry Monnier 10 11. Weiter geht's rechts in die Rue Clauzel und links in die Rue des Martyrs. In den Seitenstraßen links kannst du etwas essen und trinken 12 13. Gehe weiter, überquere den kleinen Platz und biege rechts in die Avenue Trudaine 14. Am Ende an der Bar rechts 15. Jetzt die Straße hinunter zur Metro Cadet. Überquere sie und nimm die Rue Cadet. Überquere die Rue du Faubourg Montmartre und probiere ungewöhnliche Süßigkeiten 16. Jetzt links und gleich rechts in die Passage Jouffroy Verdeau. Nun zum Boulevard Montmartre und vor einem klassischen Restaurant zweimal links 17 oder über den Boulevard und in die Passage des Panoramas. Laufe bis zur Rue Vivienne und biege links ab. Neben dem italienischen Restaurant 18 befindet sich der Eingang zur Galerie Vivienne 19. Spaziere durch die Galerie. Am Ausgang über die Rue de la Banque und geradeaus zum Place des Victoires 20. Von der Rue la Feuillade zur Rue de Richelieu. Bestelle links ein originelles Sandwich 21 oder biege links in die Rue Vivienne ein. Laufe durch den Park 22 23. Bei den schwarz-weißen Säulen zweimal rechts zu den besten *ramen* 24 oder zum Ausgang und über die Rue de Rivoli zum Louvre 25. Gehe rechts durch die Gärten zum Museum und Gartencafé 26 27. Jetzt nicht in die Tuilerien, sondern rechts in die Rue des Pyramides. Nimm die erste Straße links, rechts die Rue du Marché Saint-Honoré und überquere den Platz 28. Jetzt geradeaus in die Rue d'Antin, zweimal links, über den Platz 29, gehe weiter und rechts in die Rue du Mont Thabor. Nun rechts in die Rue Cambon 30, rechts auf den Boulevard des Capucines und links auf den Place de l'Opéra. Hinter dem Opernhaus 31, auf dem Boulevard Haussmann, liegen die großen Kaufhäuser 32. Gehe über die Rue Scribe 33 zum Boulevard des Capucines. Überquere diesen und biege rechts ab 34. Jetzt zur Kirche 35, zu einem Bistro 36 und Feinkostläden 37 38.

SEHENSWÜRDIGKEITEN

⑧ Das **Musée de la Vie Romantique** war im 19. Jahrhundert ein Treffpunkt für Künstler der Pariser Romantikströmung. In diesem *hôtel particulier* lebte der Maler Ary Scheffer. Nicht nur seine Werke berichten von der Zeit, auch die Souvenirs der Schriftstellerin George Sand. Sehr romantisch ist der Teesalon im idyllischen Garten.

16, Rue Chaptal, 9. Arr., museevieromantique.paris.fr, Di–So 10.00–18.00 Uhr, Teegarten Apr.–Okt., Eintritt Dauerausstellung frei, Wechselausstellungen siehe Website, Metro 2 Blanche

⑨ Gustave Moreau (1826–1898) gilt als einer der Vertreter des Symbolismus. In seinem ehemaligen Wohnhaus und Atelier befindet sich jetzt das **Musée Gustave Moreau**. An den hohen Wänden hängen seine eigenwilligen Gemälde und in den Vitrinen sind Zeichnungen und Aquarelle ausgestellt.

14, Rue de la Rochefoucauld, 9. Arr., musee-moreau.fr, Mo & Mi–So 10.00–18.00 Uhr, Eintritt 7 €, Metro 12 Trinité, Saint-Georges

㉕ Das heutige **Musée du Louvre** diente verschiedensten Zwecken: vom mittelalterlichen Schloss bis zum kaiserlichen Palast. Napoleon beschloss 1793, den Palast für das Publikum zu öffnen. Mittlerweile ist der Louvre das reichste, meistbesuchte Museum der Welt. Es gibt enorm viel zu sehen: Selbst ein kurzer Blick auf alle Werke braucht ein oder zwei Tage. Tipp: Kauf die Tickets online, um die Warteschlangen zu vermeiden.

34–36, Quai du Louvre, 1. Arr., louvre.fr, Mo, Mi–Do 9.00–18.00, Fr 9.00–21.15, Sa–So 9.00–18.00 Uhr, Eintritt 17 €, Metro 1, 7 Palais Royal – Musée du Louvre

㉖ Das **Musée des Arts Décoratifs** zeigt angewandte Kunst wie Design und Innenarchitektur, Werbung, Grafikdesign und Mode. Es handelt sich um eine ständige Sammlung mit Art-nouveau- und Art-déco-Stücken sowie modernem Mobiliar des 20. Jahrhunderts. Es gibt Sonderausstellungen. Von der oberen Etage hast du eine wunderbare Aussicht über den Jardin des Tuileries.

107–111, Rue de Rivoli, 1. Arr., madparis.fr, Di–Mi & Fr–So 11.00–18.00, Do 11.00–21.00 Uhr, Eintritt 14 €, Metro 1, 7 Palais Royal – Musée du Louvre

25

25

Ⓢ Ⓐ

㉛ **L'Opéra Garnier** wurde zwischen 1862 und 1875 erbaut. Die Hochzeitstorte – so ihr Spitzname – ist ein Entwurf von Charles Garnier. Sie zeigt einen Stilmix mit Hunderten Statuen. Tagsüber kann das Gebäude besichtigt werden, aber du solltest dir eine Aufführung nicht entgehen lassen.

8, Rue Scribe, 9. Arr., operadeparis.fr, Besichtigung tgl. 10.00–17.00 Uhr, Eintritt 15 €, Multimedia-Besichtigung von 1,5 Std. 8 €, Führung 23 €, Metro 3, 7, 8 Opéra

㉝ Die Franzosen sind stolz auf ihre Produkte. Nicht umsonst haben sie Fragonard, einem Parfümeur aus Grasse, der für seine blumigen Düfte berühmt war, ein ganzes Museum gewidmet. Das **Musée du Parfum** befindet sich in einem prächtigen Herrenhaus von 1860. Auch die Dekoration des Museums stammt aus dieser Zeit. Du kannst an einer mehrsprachigen Führung teilnehmen und eine Parfüm-Privatsammlung entdecken – und natürlich Düfte testen und kaufen.

9, Rue Scribe, 9. Arr., musee-parfum-paris.fragonard.com, Mo–Sa 9.00–17.30, So 9.00–16.30 Uhr, Eintritt frei, Metro 3, 7, 8 Opéra

(35) Mit **La Madeleine** wollte Napoleon einen neoklassizistischen Ehrentempel für seine Soldaten schaffen. Der Bau dauerte von 1764 bis 1842. In dieser Zeit schwand das Interesse an einem Denkmal für die Kriegsopfer, sodass schließlich eine Kirche entstand. Hier gibt es regelmäßig Konzerte und tägliche Gottesdienste.

Place de la Madeleine, 8. Arr., eglise-lamadeleine.com, tgl. 9.30–19.00 Uhr, Eintritt frei, Metro 8, 12, 14 Madeleine

ESSEN & TRINKEN

(2) Versteckt in einer Gasse neben dem Moulin Rouge liegt **Le Bar à Bulles**. Die Treppe führt zu einer Terrasse im Grünen, ein Paradies im trubeligen Pigalle. Drinnen gibt es Pflanzen, fröhliche Lampenschirme und gemütliche Sitzecken mit Samtsesseln. Du kannst auf dem Dach etwas trinken, mit den sich drehenden Flügeln des Moulin Rouge im Rücken.

4, Cité Véron, 18. Arr., lamachinedumoulinrouge.com/le-bar-a-bulles, Di–Mi 18.00–24.00, Do 18.00–1.00, Fr 18.00–2.00, Sa 11.00–2.00, So 11.00–22.00 Uhr, Cocktail 10 €, Bier 8 €, Metro 2 Blanche

(3) **Le Dépanneur** liegt an einem der schönsten Plätze im Pigalle-Viertel und lädt mit seiner Sonnenterrasse zum Verweilen ein. Das kleine Lokal ist von Kalifornien inspiriert und serviert Bio-Burger und Tacos im LA-Stil. Unbedingt einen Cocktail dazu trinken, die sind hier köstlich.

27, Rue Pierre Fontaine, 9. Arr., Tel. +33 148744874, depanneurpigalle.com, tgl.10.00–3.00 Uhr, Burger 16 €, Cocktail 13 €, Metro 2 Blanche

(4) Das *instagramable* Restaurant **Pink Mamma** ist eine Augenweide, aber vor allem für seine italienische Küche bekannt. Pasta, Pizza und die Spezialität: ein riesiges 800 Gramm schweres T-Bone-Steak. In der Speakeasy-Bar im Untergeschoss werden leckere Cocktails serviert. Trotz der vier Etagen des Restaurants muss man oft anstehen. Komme früh oder reserviere einen Tisch.

20 bis, Rue de Douai, 9. Arr., bigmammagroup.com/de/trattorias/pink-mamma, Mo–Mi 12.00–14.15 & 18.45–22.45, Do–Fr 12.00–14.15 & 18.45–23.00, Sa 12.00–15.15 & 18.45–23.00, So 12.00–15.15 & 18.45–22.45 Uhr, Preis 18 €, Metro 2, 12 Pigalle

⑥ Das Konzept des **Bouillon Pigalle** ist einfach wie genial: In großem Stil wird französisch gekocht, wodurch die Preise niedrig und die Qualität der Speisen hoch ist. Lass dich durch die Schlange nicht abschrecken: Innerhalb kürzester Zeit wirst du zum Tisch gebracht. Günstiger und leckerer kann man nicht essen.
22, Boulevard de Clichy, 18. Arr., Tel. +33 142596931, bouillonlesite.com/bouillon-pigalle, tgl. 12.00–24.00 Uhr, Preis 11 €, Metro 2, 12 Pigalle

⑦ In der gut besuchten **Berliner Wunderbar** wähnt man sich bei Weizenbier, Currywurst und Brezeln, die das deutsche Personal serviert, für einen Moment in Deutschland. Donnerstags, freitags und/oder samstags wird die Atmosphäre in dieser modernen Wunderkammer durch elektronische Musik verstärkt. Im Herbst findet ein Oktoberfest *à la française* statt.
14, Rue Frochot, 9. Arr, Tel. +33 616097154, berlinerwunderbar.com, Di–Sa 18.00–2.00 Uhr, Bier 7 €, Metro 2, 12 Pigalle

⑫ Das Restaurant des kleinen, schicken **Hôtel Amour** besuchst du für einen Drink an der Bar, zum Mittagessen oder zum romantischen Dinner. Mit etwas Glück findest du im schönen Innenhof einen Platz. Am Wochenende gibt es einen fantastischen Brunch.
8, Rue de Navarin, 9. Arr., hotelamourparis.fr, Tel. +33 148783180, tgl. 8.00–2.00 Uhr, Preis 23 €, Metro 2, 12 Pigalle, 12 Saint-Georges

⑬ Schon seit der Eröffnung ist **Le Pantruche** ein Riesenerfolg. Klassische, raffinierte französische Gerichte werden mit Flair und Fachwissen aufgetischt. Das Interieur ist einfach, aber stilvoll, das Preis-Leistungsverhältnis perfekt. Leider ist das Restaurant nur wochentags geöffnet.
3, Rue Victor Massé, 9. Arr., Tel. +33 148785560, lapantruchoise.com, Mo–Fr 12.30–14.00 & 19.30–21.30 Uhr, Preis 22 €, Metro 2, 12 Pigalle, 12 Saint-Georges

⑭ Wer Kaffee mag, sollte zu **KB Coffeeroasters** gehen. Die Baristas bereiten nicht nur guten Cappuccino oder Espresso zu, sondern rösten ihre eigenen Bohnen und backen ihren eigenen Kuchen. Die Hausmischung kannst du direkt hier kaufen.
53, Avenue Trudaine, 9. Arr., Tel. +33 15692141241, kbcoffeeroasters.com, Mo–Fr 7.45–18.30, Sa–So 9.00–18.30 Uhr, Kaffee 4,50 €, Metro 2, 12 Pigalle

17

14

17
CHARTIER

⑮ Lust auf einen Drink? Das **Café Dunkerque** zählt zu den trendigsten Bars in Pigalle. Auf der Getränkekarte stehen verschiedene Rumsorten, ausgefallene Cocktails und besondere Biere. Bestelle ein *hors d'œuvre* und du hast ganz sicher einen gelungenen Abend. Du kannst hier auch mitttags oder abends essen.
1, Avenue Trudaine, 9. Arr., Tel. +33 142811134, cafedunkerque.com, tgl. 8.00–2.00 Uhr, Cocktail 10 €, Metro 2 Anvers

⑰ Das legendäre Restaurant **Bouillon Chartier** existiert seit 1896 und ist ein Klassiker. Das Konzept ist unverändert: gutes Essen und ausgezeichneter Service für wenig Geld. Man kann nicht reservieren, daher wird die Schlange vor der Tür später am Abend immer länger. Tipp: Gehe früh essen, dann bekommst du schneller einen Platz. Auf der umfangreichen Karte findest du typisch französische Gerichte. Der große Speisesaal voller Glas und Spiegel ist ein historisches Denkmal.
7, Rue du Faubourg Montmartre, 9. Arr., Tel. +33 147708629, bouillon-chartier.com/grands-boulevards, tgl. 11.30–24.00 Uhr, Preis 10 €, Metro 8, 9 Grands Boulevards

(18) Im ehemaligen Geschäft von Jean Paul Gaultier befindet sich das stylische **Daroco**. Das Interieur ist prächtig: Im Raum mit hoher Decke sitzt man an grünen Marmortischen, bedient von charmanten Kellnern in gestreiften Pullovern. Aus der offenen Küche werden Steinoffen-Pizzen und luxuriöse Pasta-Gerichte serviert. Daroco ist nicht der billigste Italiener, aber einer der besten.
6, Rue Vivienne, 2. Arr., Tel. +33 0142219371, daroco.fr, tgl. 12.00–24.00 Uhr, Preis 23 €, Metro 3 Bourse

(21) Hinter der grünen Fassade des **Micho** verbergen sich ein originelles Interieur und eine gemütliche Atmosphäre. Das Mittagessen wird hier standardmäßig auf einem Challa serviert, einem traditionellen jüdischen Zopfbrot. Es wird mit Gemüse belegt und es gibt auch Varianten mit Fleisch. Ein Brot reicht fürs Mittagessen, aber auch die Vorspeisen und Beilagen sind zu empfehlen.
46, Rue de Richelieu, 1. Arr., Tel. +33 183641090, micho.fr, Di–Fr 12.00–15.00 & 19.00–23.00, Sa 12.00–16.00 & 19.00–23.00, So 12.00–15.00 & 19.00–22.00 Uhr, Challah 13 €, Metro 7, 14 Pyramides

(23) Im Garten des Palais Royal befindet sich das hübsche **Café Kitsuné**. Nimm an der Bar Platz für Kaffee und Kuchen oder schlendere mit einem Coffee to go entlang der Luxusläden und Galerien des Palais Royal. Bei schönem Wetter sitzt du wunderbar auf den grünen Stühlen am Springbrunnen.
51, Galerie de Montpensier, 1. Arr., Tel. +33 140156231, maisonkitsune.com/mk/cafe-kitsune, tgl. 9.30–19.00 Uhr, Kaffee 4,50 €, Metro 1, 7 Palais Royal – Musée du Louvre

(24) Im Ramen-Restaurant **Kodawari Tsukiji** ist die Einrichtung schon eine Attraktion: Es sieht aus wie auf einem Fischmarkt in Tokio. Auch die Ramen, in einer Fischbrühe zubereitet, sind empfehlenswert, genau wie das Special des Kochs. Bevorzugst du Ramen mit Hühnerbrühe? In der Rue Mazarine 29 liegt Kodawari Yokocho, und in beiden Restaurants gibt es auch ein vegetarisches Gericht. An der Tür scannst du den QR-Code und gelangst in eine virtuelle Warteschlange. So kannst du in der Wartezeit das japanische Viertel oder das geschäftige 6. Arrondissement erkunden.
12, Rue de Richelieu, 1. Arr., Tel. +33 142613460, kodawari-ramen.com, tgl. 11.45–23.00 Uhr, Ramen 14 €, Special 18,50 €, Metro 1, 7 Palais Royal – Musée du Louvre, 7, 14 Pyramides

(27) Die sonnige Terrasse des modernen **LouLou** liegt abseits der Touristenströme im Jardin des Tuileries. Hier kannst du einen schicken Lunch mit Blick über den Garten genießen. Sonnenschirme spenden Schatten. In der Ferne siehst du den Eiffelturm. Ideal für ein romantisches Date!
107, Rue de Rivoli, 1. Arr., Tel. +33 142604196, loulou-paris.com, tgl. 12.00–14.30 & 19.00–23.00 Uhr, Preis 31 €, Metro 1, 7 Palais Royal – Musée du Louvre

(28) Auf dem Place du Marché Saint-Honoré findest du verschiedene Lokale, von einfach bis stilvoll. Zu Letzteren zählt **L'Absinthe**. Hier isst man sehr gute, hübsch garnierte Fisch- und Fleischgerichte in einem klassischen und charmanten Interieur.
24, Place du Marché Saint-Honoré, 1. Arr., Tel. +33 149269004, restaurantabsinthe.com, Mo–Fr 12.00–14.15 & 19.00–22.00, Sa 19.00–22.00 Uhr, Preis 24 €, Metro 1 Tuileries

(36) **Paris London** ist ein typisches Bistro, das man nur in Paris findet. Gemütlich, lässig und mit einer Terrasse, die auf die imposante Kirche La Madeleine blickt. Mit einer Karte randvoll mit französischen Klassikern wie Croque-Monsieur und Entrecôte, ergänzt durch Burger und Pizza, ist es der perfekte Ort für ein schönes Mittagessen, ein ungezwungenes Dinner oder einen *apéro* mit Käseplatte, was die Pariser lieben.
10, Place de la Madeleine, 8. Arr., Tel. +33 147423392, parislondon.paris, tgl. 7.00–2.00 Uhr, Bier 9 €, Käseplatte 14 €, Metro 8, 12, 14 Madeleine

SHOPPEN

(10) Das **Pois Plume** ist ein süßer Laden für die Allerkleinsten und ihre Eltern. Hier findest du Kleidung, Schönes fürs Kinderzimmer und Spielsachen. Farben, Stoffe und Kleidung zaubern dir ein Lächeln ins Gesicht. Und vermutlich schaffst du es nicht ohne ein originelles Mitbringsel nach draußen!
4, Rue Henry Monnier, 9. Arr., poisplume.com, Di–Sa 11.00–19.30, So 12.30–19.00 Uhr, Metro 12 Saint-Georges

4

37
APÉRITIF ARTISANAL
SAVEUR TRUFFE

16
NOUGATS
MARRONS GLACÉS
FLORENTINS
ORANGETTES
MENDIANTS
CHOCOLATIER
CONFISEUR
35 VINS FINS DE
FRUITS SECS
FRUITS CONFITS
CHOCOLATS
THÉS
FABRIQUE DE CONFITURES
MAISON FONDÉE EN 1761

32

(11) Wie es **Juju s'amuse** immer wieder schafft, so eine wunderbare Kleiderkollektion zusammenzustellen, ist unbegreiflich. Inzwischen hat Juju vier Filialen. Die Eigentümerin Judith Lacroix verkauft hier ihre eigene Kollektion an Kleidung und Schmuck sowie andere Marken.

3, Rue Henry Monnier, 9. Arr., jujusamuse.com, Mo–Fr 11.00–20.00, Sa 10.30–20.00, So 15.00–19.00 Uhr, Metro 12 Saint-Georges

(16) **À la Mère de Famille** gibt es seit 1761 und es ist damit vielleicht der älteste Süßwarenladen in Paris. Hier findest du Gebäck, Schokolade und Süßigkeiten. Die Fassade ist ein Blickfang, und einige der Dosen im Schaufenster sind jahrzehntealt.

35, Rue du Faubourg Montmartre, 9. Arr., lameredefamille.com, Mo–Sa 9.30–20.00, So. 10.00–19.30 Uhr, Metro 7 Le Peletier

(30) In der **Rue Cambon** spazierst du an der Nummer 31 am Geburtshaus von Coco Chanel Imperium vorbei und entdeckst elegante Boutiquen von Marken wie Burberry, Jimmy Choo und Dior. Hier liegt auch das Palais Cambon, Sitz des französischen Rechnungshofs. Die Modehäuser auf dem angrenzenden Place Maurice Barrès sind in der Weihnachtszeit wunderschön dekoriert.

Rue Cambon, 1. Arr., Metro 1, 8, 12 Concorde

(32) **Les Grands Magasins**, die großen Kaufhäuser, liegen direkt nebeneinander. Berühmt ist Galeries Lafayette mit der wunderschönen Kuppel aus Glas und Stahl. Le Printemps ist weniger touristisch. Dahinter liegt Le Citadium, ein modernes Einkaufszentrum mit Sneakern und Skateshop.

40, Boulevard Haussmann, 9. Arr., galerieslafayette.com, Mo–Sa 10.00–20.00, So 11.00–20.00 Uhr, Metro 7, 8 Chaussée d'Antin – La Fayette

(37) Im **Maison de la Truffe** duftet fast alles nach Trüffel, dem wertvollen Pilz, der unter der Erde wächst. Im Laden werden Butter, Chips und Olivenöl mit Trüffelaroma verkauft. Im Restaurant bestellst du das luxuriöse Omelett mit Trüffelscheiben.

19, Place de la Madeleine, 8. Arr., maison-de-la-truffe.com, Laden Mo–Sa 10.00–23.00 Uhr, Restaurant 11.30–22.30 Uhr, Metro 8, 12, 14 Madeleine

(38) Bei **Fauchon**, gegründet 1886, findest du luxuriöse Köstlichkeiten wie Trüffel, Kaviar und Foie gras. Im Teesalon mischt du dir deinen eigenen Tee zusammen, kaufst süße Leckereien oder genießt auf der Terrasse Tee und himmlischen Kuchen.

11, Place de la Madeleine, 8. Arr., fauchon.com, Laden Di–Sa 10.30–18.30 Uhr, Restaurant tgl. 7.00–10.30 & 12.00–22.30 Uhr, Metro 8, 12, 14 Madeleine

FREIZEITTIPPS

(1) Die rote Windmühle im Rotlichtviertel Pigalle ist eine Ikone des pulsierenden Pariser Nachtlebens. Das in der Belle Époque gegründete Kabarett-Theater **Le Moulin Rouge** verzauberte die Stadt mit verführerischen Cancan-Shows und extravaganten Partys, bei denen Menschen unterschiedlichster Herkunft zusammenkamen. Auch heute noch kann man hier spektakuläre Aufführungen besuchen, bei denen der Champagner reichlich fließt.

82, Boulevard de Clichy, 18. Arr., moulinrouge.fr, Programm siehe Website, Show 110 €, Metro 2 Blanche

(5) Dieser Basketballplatz ist eine auffällige und farbenfrohe Überraschung inmitten der typischen Pariser Gebäude. **Playground Duperré** ist für jeden zugänglich und erhält jährlich einen neuen Look, der oft von bekannten Modedesignern entworfen wird. Ideal für ein besonderes Foto!

22, Rue Duperré, 9. Arr., tgl., Eintritt frei, Metro 2, 12 Pigalle

(19) Die mit Glaskuppeln gekrönten Einkaufspassagen wurden im 19. Jahrhundert unter der Regie des Stadtarchitekten Haussmann erbaut, inspiriert vermutlich durch die Architektur arabischer Souks. Die am besten erhaltene und quirligste Passage ist die **Galerie Vivienne** von 1823, komplett im Empirestil. Spaziere durch die Passage und entdecke außergewöhnliche Boutiquen und Restaurants.

5, Rue de la Banque, 4, Rue des Petits-Champs, 6, Rue Vivienne, 2. Arr., galerie-vivienne.com, tgl. 8.30–20.00 Uhr, Metro 3 Bourse

(20) Der **Place des Victoires** ist ein „vergessener" Ort in Paris. Auf diesem runden Platz befindest du dich abseits der Touristenströme. Hier kannst du bei

22

19

5
5
6
6
4
NEW YORK

bekannten Modeketten shoppen. Der Platz wurde 1684 rund um die Statue von Ludwig XIV. angelegt. Diese wurde im Laufe der Geschichte mehrfach zerstört, aber immer wieder aufgebaut.
Place des Victoires, 2. Arr., Metro 3 Bourse, Sentier

(22) Im majestätischen Schlossgarten **Jardin du Palais Royal** stehen die schwarz-weißen Skulpturen von David Buren, was einen überraschenden Kontrast zwischen Alt und Neu schafft. In den dahinterliegenden Galerien finden sich originelle Läden. So zum Beispiel Serge Lutens für Parfüm, Pierre Hardy für hippe Schuhe und Studio Parmigiani Fleurier für exklusive Uhren. Hier kannst du auf einer Terrasse eine Pause einlegen oder auf den Stühlen beim Springbrunnen ein Buch in der Sonne lesen.
2, Place Colette, 1. Arr., domaine-palais-royal.fr, tgl. Okt.–März 8.30–20.30 Uhr, Apr.–Sep. 8.00–22.30 Uhr, Eintritt frei, Metro 1, 7 Palais Royal – Musée du Louvre

(29) Der **Place Vendôme** mit seiner majestätischen Säule als Mittelpunkt strahlt Erhabenheit aus, und es ist nicht nur die Säule, die Napoleon für seinen Sieg in der Schlacht von Austerlitz errichten ließ, die diesen Platz so besonders macht. Die schicken Modehäuser rund um den Platz haben wunderschön dekorierte Schaufenster, in denen Haute Couture und Schmuck wie Kunstwerke funkeln.
Place Vendome, 1. Arr., Metro 3, 7, 8 Opéra

(34) Das berühmte Olympia-Theater mit der typischen roten Fassade wurde 1888 durch Joseph Oller erbaut, dem Gründer des Moulin Rouge. Es ist das älteste Konzerthaus von Paris, das noch benutzt wird. Berühmte Künstler waren hier zu Gast: Céline Dion, The Beatles, The Rolling Stones und David Bowie. Vor allem ist **L'Olympia** durch Edith Piaf bekannt. Sie machte sich hier einen Namen und gab hier auch ihr letztes Konzert, einige Monate vor ihrem Tod. Wer Musik liebt, sollte ein Konzert an diesem legendären Ort besuchen.
28, Boulevard des Capucines, 9. Arr., olympiahall.com, Öffnungszeiten und Preise siehe Website, Metro 3, 7, 8 Opéra

ROUTE 3

LES HALLES & LE MARAIS

INFOS ZUR ROUTE

Die Tour verläuft auf dem rechten Ufer durch das 1., 3. und 4. Arrondissement. Diese Wanderung ist samstags weniger empfehlenswert, weil dann viele Geschäfte und Restaurants im jüdischen Viertel geschlossen sind. Nimm dir Zeit, regelmäßig eine Pause auf einer Terrasse einzulegen und die Leute zu beobachten. Hier kannst du in Ruhe den ganzen Tag umherschlendern und unerwartete Plätze, Terrassen, verborgene Gassen und interessante Läden genießen.

DIE VIERTEL

Die Viertel **Les Halles** und **Le Marais** liegen nebeneinander am rechten Ufer. In Les Halles waren früher die Markthallen. Rundherum liegen Restaurants, in denen die Kaufleute kräftige Suppen aßen. 1969 zog der größte Lebensmittelmarkt von Paris in eine Vorstadt und die Hallen wurden unter Protest abgerissen. Stattdessen wurde ein unterirdisches Einkaufszentrum errichtet: Forum des Halles. Der Charakter der Gegend veränderte sich, die Mieten zogen an und die Bewohner mussten notgedrungen umziehen. Nur wenige authentische Restaurants blieben.

Ein anderes Gebäude, das für Veränderung sorgte, ist das **Centre Pompidou**. Bei seiner Eröffnung 1977 gab es wegen seiner auffallenden Optik mit Leitern und Lüftungsrohren viel Kritik an diesem Zentrum für zeitgenössische Kunst. Mittlerweile ist das Gebäude aus dem Stadtbild nicht mehr wegzudenken. Das Viertel rund um das Centre Pompidou ist nahezu autofrei und es wimmelt von Geschäften. Auch das **Hôtel de Ville** liegt in diesem Viertel. Das prächtige, imposante Gebäude bildet das Herz der Stadt. In der **Rue de Rivoli** liegen die typisch französischen Ketten.

Le Marais war früher ein Sumpfgebiet, das häufig überschwemmt wurde. Ab dem 6. Jahrhundert versuchte man, das Gebiet trockenzulegen, ohne Erfolg. Im

12. Jahrhundert wurde es mit einer Mauer umbaut. So gelang die Trockenlegung, und gegen 1300 kam die erste Bebauung. Der Adel ließ *hôtels particuliers* (herrschaftliche Stadthäuser) errichten und der **Place des Vosges** wurde angelegt, der schönste Platz von Paris. Le Marais ist ein charmantes Viertel mit originellen Geschäften, hippen Restaurants, verborgenen Innenplätzen und engen Gassen. Das Viertel ist auch für LGBTQ+-Lokale bekannt.

WENIG ZEIT? DAS SIND DIE HIGHLIGHTS:
CENTRE POMPIDOU + MUSÉE PICASSO + PLACE DES VOSGES + RUE DES ROSIERS + LE MARCHÉ DES ENFANTS ROUGES

TIPPS

// Hippes LGBTQ+-Viertel und jüdisches Viertel
// Viele Gastro-Adressen
// Am Sonntagnachmittag haben hier die meisten Läden geöffnet.

LES HALLES & LE MARAIS

1 Église Saint-Eustache
2 Comptoir de la Gastronomie
3 Kiliwatch
4 Rue Montorgueil
5 Frenchie
6 Derrière
7 Le Hangar
8 Jardin Anne Frank
9 Centre Pompidou
10 Georges
11 Hôtel de Ville de Paris
12 Free'p'star
13 Fleux
14 Le Perchoir Marais
15 Les Mauvais Garçons
16 Au Petit Fer à Cheval
17 Miznon
18 Rue des Rosiers
19 Le Loir dans la Théière
20 La Mouette Rieuse
21 Synagogue Agudath Hakehilot
22 MEP
23 Le Village Saint-Paul
24 Place des Vosges
25 Chez Janou
26 Home Autour du Monde
27 Musée Cognacq-Jay
28 Musée Picasso
29 Tom Greyhound
30 Le Marché des Enfants Rouges
31 Empreintes
32 PNY
33 Ofr
34 Season
35 Le Mary Celeste
36 Merci
37 The Frankie Shop
38 Maison Plisson

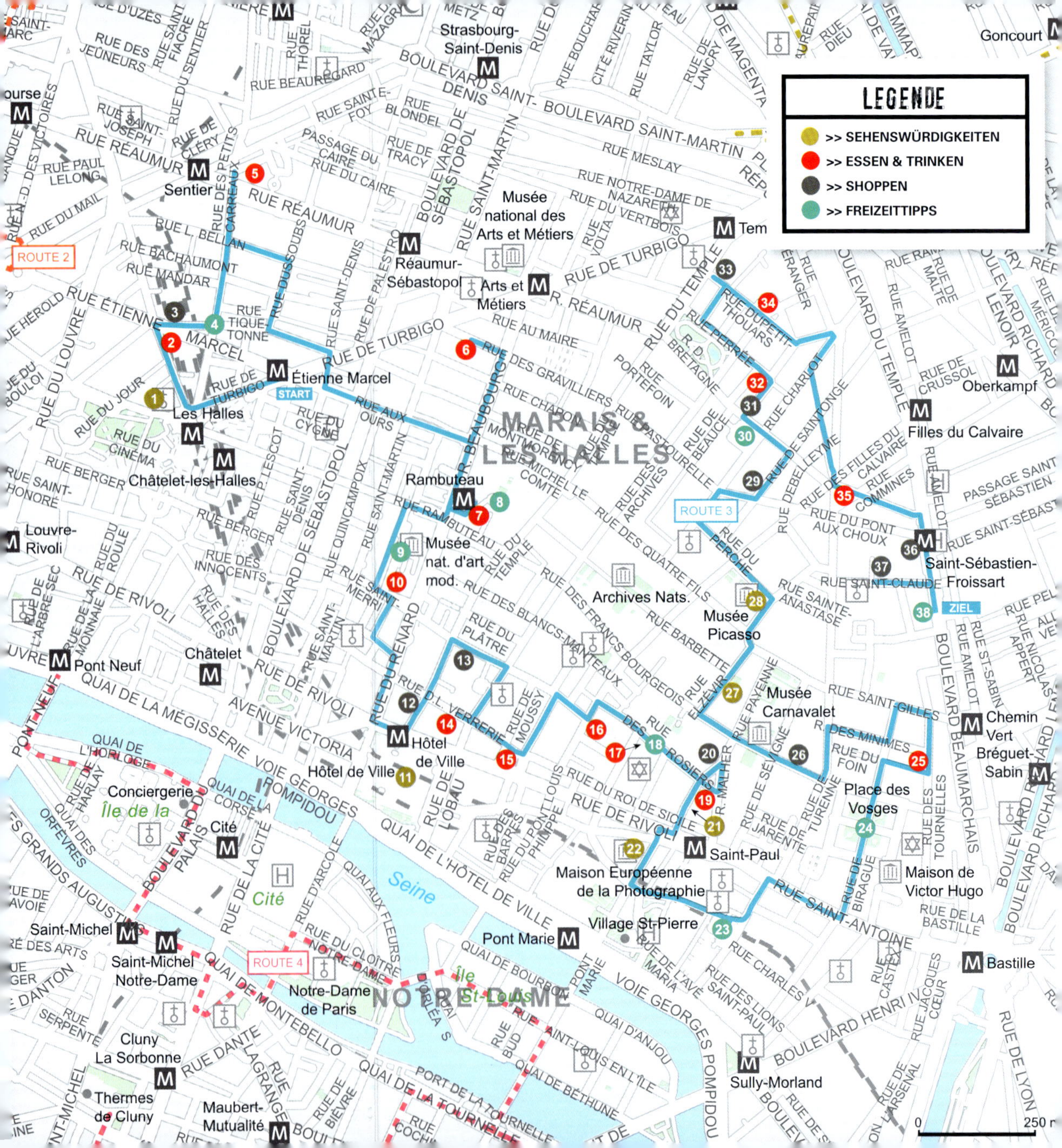
LEGENDE
>> SEHENSWÜRDIGKEITEN
>> ESSEN & TRINKEN
>> SHOPPEN
>> FREIZEITTIPPS
MARAIS & LES HALLES
NOTRE-DAME
START
ZIEL
ROUTE 2
ROUTE 3
ROUTE 4
Strasbourg-Saint-Denis
Goncourt
Sentier
Musée national des Arts et Métiers
Réaumur-Sébastopol
Arts et Métiers
Étienne Marcel
Les Halles
Châtelet-les-Halles
Rambuteau
Musée nat. d'art mod.
Archives Nats.
Musée Picasso
Musée Carnavalet
Oberkampf
Filles du Calvaire
Saint-Sébastien-Froissart
Chemin Vert
Bréguet-Sabin
Louvre-Rivoli
Pont Neuf
Châtelet
Hôtel de Ville
Conciergerie
Île de la Cité
Cité
Seine
Place des Vosges
Maison de Victor Hugo
Saint-Paul
Maison Européenne de la Photographie
Village St-Pierre
Pont Marie
Bastille
Saint-Michel
Saint-Michel Notre-Dame
Notre-Dame de Paris
Île St-Louis
Cluny La Sorbonne
Thermes de Cluny
Maubert-Mutualité
Sully-Morland
RUE RÉAUMUR
RUE DE TURBIGO
BOULEVARD DE SÉBASTOPOL
BOULEVARD SAINT-MARTIN
RUE DE RIVOLI
RUE SAINT-ANTOINE
BOULEVARD BEAUMARCHAIS
BOULEVARD DU TEMPLE
QUAI DE LA MÉGISSERIE
QUAI DE L'HÔTEL DE VILLE
VOIE GEORGES POMPIDOU
BOULEVARD HENRI IV
0
250 m

BESCHREIBUNG ROUTE 3 (ca. 9,4 km)

Gehe an der Metrostation Étienne Marcel durch die Rue de Turbigo und rechts in die Rue Montmartre 1 2. Zum Shoppen rechts in die Rue Tiquetonne 3 und links in die Rue Montorgueil 4. Gehe weiter bis zur Rue des Petits Carreaux, zu einem Restaurant mit Michelin-Stern 5. Oder biege rechts in die Rue Saint-Sauveur und dann wieder rechts ab. Gehe links in die Rue Tiquetonne, rechts in die Rue Saint-Denis und dann links zur Rue Étienne Marcel. Gehe geradeaus bis zur Rue Beaubourg. Dort links und an der Rue Gravilliers links zu einem Restaurant 6 oder sofort rechts und dann links in die Impasse Berthaud 7. Ruhe in dem Garten 8 ein wenig aus. Laufe zurück und biege rechts in die Rue Rambuteau. Links liegt das Centre Pompidou 9 10. Überquere den Platz und gehe am Springbrunnen vorbei rechts in die Rue du Renard. Gehe zum Hôtel de Ville 11. Nimm die Rue du Temple und die erste Straße links für schöne Vintage-Läden 12. Gehe in die zweite Straße rechts 13, dann rechts zur Rue des Archives und zur Rue de la Verrerie. Rechts liegt eine Rooftopbar 14, ansonsten biege links ab 15. Gehe links in die Rue du Bourg Tibourg, dann rechts, bis du auf die grüne Fassade einer Bar stößt 16. Gehe links und danach rechts in die jüdische Straße Rue des Rosiers zu Falafel und Pita-Sandwiches 17 18. Nun die Straße hinunter bis zum kleinen dreieckigen Platz, laufe um ihn herum 19 20 und in die Rue Pavée 21. Überquere die Rue de Rivoli und nimm an der Metro-Station Saint-Paul die Rue de Fourcy 22. Gehe links in die Rue Charlemagne, um in ein kleines Dorf in der Stadt zu gelangen 23. Am Ende der Straße links und an der Rue Saint-Antoine rechts. An der Rue de Birague links zum Place des Vosges 24. Jetzt geradeaus durch die Bögen und rechts in die Rue Roger Verlomme zu einem französischen Restaurant 25. Biege links ab und wieder links in die Rue Saint-Gilles. Jetzt links und sofort wieder rechts. Gehe links in die Rue de Turenne und biege rechts ab zu schönen Geschäften 26. Nimm die Rue Elzevir 27 und über den Place de Thorigny zum Picasso-Museum 28. Jetzt nach links, über die Rue du Perche und rechts in die Rue Charlot. Biege rechts und dann wieder links ab 29 und vor der berühmten Markthalle links in die Rue de Bretagne 30. Laufe rechts in die Rue de Picardie 31 32. Links in die Rue du Forez, am Square du Temple vorbei und in die Rue Paul Dubois 33. Biege rechts ab 34 und gehe zur Rue de Franche Comté. Auf dem kleinen Platz die erste Straße rechts, sofort links, weiter zur Kreuzung Rue de Turenne und schräg links in die Rue Froissart 35. Auf dem Boulevard Beaumarchais nach rechts, um einzukaufen und zu essen 36 37 38.

SEHENSWÜRDIGKEITEN

① Wegen Geldmangels zog sich der Bau dieser Kirche über ein Jahrhundert hin (von 1532 bis 1637). Zwischenzeitlich änderte sich der Stil, und das sieht man dem Mix aus Gothik und Renaissance auch an. Die Grundstruktur der **Église Saint-Eustache** ähnelt der von Notre-Dame. Innen ist sie aufwendig gestaltet. Kardinal Richelieu, Molière und die Geliebte von Ludwig XV., Madame de Pompadour, wurden hier getauft. Im Inneren findet sich ein Triptychon von Keith Haring, unerwartet, aber großartig!

2, Impasse Saint-Eustache, 1. Arr., saint-eustache.org, Mo–Fr 10.00–18.00, Sa–So 10.00–19.00 Uhr, Eintritt frei, Metro 4 Les Halles

⑪ Seit Jahrhunderten ist das **Hôtel de Ville de Paris** Zentrum des politischen Lebens in Paris. Während der Monarchie war der große Platz vor dem Stadthaus Schauplatz öffentlicher Hinrichtungen. 1871 steckten die *communards* (Anhänger der Revolutionsregierung in Paris) das Gebäude in Brand. Danach wurde es komplett restauriert. In einem Saal an der Seite sind häufig Ausstellungen zu sehen.

Place de l'Hôtel de Ville, 4. Arr., paris.fr/pages/visiter-l-hotel-de-ville-2316, Führungen nach Reservierung, Eintritt frei, Metro 1, 11 Hôtel de Ville

㉑ 1914 wurde die **Synagogue Agudath Hakehilot** nach dem Entwurf des Art-nouveau-Architekten Hector Guimard erbaut, der auch die grünen, gusseisernen Metro-Eingänge gestaltete. Im Zweiten Weltkrieg sprengten die Deutschen die Synagoge, die aber später restauriert wurde. Heute ist sie ein Nationaldenkmal.

10, Rue Pavée, 4. Arr., pavee.fr, nicht öffentlich zugänglich, Metro 1 Saint-Paul

㉒ Das **MEP**, Maison Européenne de la Photographie, in einem *hôtel particulier* untergebracht, zeigt Werke großer Namen wie Helmut Newton, Martin Parr und Sarah Moon. Die Sammlung ist nicht ständig zu sehen. Es gibt wechselnde Ausstellungen. Sehenswert ist auch die Bibliothek im Erdgeschoss.

5–7, Rue de Fourcy, 4. Arr., mep-fr.org/en/homepage/, Mi & Fr 11.00–20.00, Do 11.00–22.00, Sa–So 10.00–20.00 Uhr, Eintritt 12 €, Metro 1 Saint-Paul, 7 Pont Marie

IMMACVLATÆ·VIRGINI·MARIÆ
DE QVA NATVS EST
MARIS ORA PRO NOBIS

(27) Das **Musée Cognacq-Jay** ist ein recht unbekanntes, aber wunderbares Museum. Hier kannst du die Privatkollektion bewundern, die Ernest Cognacq und seine Frau Marie-Louise Jay zwischen 1900 und 1925 sammelten. Für jene ein Geheimtipp, die Bilder, Porzellan und Möbel aus dem 18. Jahrhundert lieben.

8, Rue Elzévir, 3. Arr., museecognacqjay.paris.fr, Di–So 10.00–18.00 Uhr, Eintritt ständige Sammlung frei, Metro 1 Saint-Paul, Metro 8 Chemin Vert

(28) In den engen Gassen von Le Marais steht ein monumentales *hôtel particulier* aus dem 17. Jahrhundert. Es beherbergt die weltweit größte Sammlung von Werken Pablo Picassos: Gemälde, Zeichnungen, Töpferwaren, Skizzen und vieles mehr. Im obersten Stockwerk des **Musée Picasso** kann man seine persönliche Kunstsammlung bewundern.

5, Rue de Thorigny, 3. Arr, museepicassoparis.fr, Di–Fr 10.30–18.00, Sa–So 9.30–18.00 Uhr, Eintritt 14 €, Metro 8 Saint-Sébastien – Froissart

ESSEN & TRINKEN

② Das **Comptoir de la Gastronomie** eröffnete Ende des 19. Jahrhunderts eine *épicerie fine* mit traditionellen Produkten wie *Foie gras* und Räucherfisch. Im zugehörigen Restaurant speist man regionale französische Produkte wie *escargots de Bourgogne, confit de canard, Foie gras* mit Honig und *Crème brûlée*. Zu jedem Gericht sollte ein guter Wein gehören. Das Personal berät gern.
34, Rue Montmartre, 1. Arr., Tel. +33 142333132, comptoirdelagastronomie.com, Restaurant Mo–Sa 12.00–22.30 Uhr, Laden Mo 9.00–19.00, Di–Sa 9.00–22.30 Uhr, Preis 28 €, Metro 4 Les Halles

⑤ Das **Frenchie** öffnete 2009 und ist seither in Paris ein Begriff. Die Küche wird von Gregory Marchand geführt, der den Beinamen „Frenchie" in der Küche von Jamie Oliver erhielt. Hier werden Gerichte mit französischen Wurzeln und internationalem Touch geboten. Reservieren ist empfehlenswert. Das Frenchie hat auch eine Weinbar mit guten Weinen.
6, Rue du Nil, 2. Arr. frenchie-ruedunil.com, Mo–Fr 18.30–22.30 Uhr, Fünf-Gänge-Tastingmenü 140 €, Metro 3 Sentier

⑥ Das **Derrière** liegt verborgen auf einem Platz neben zwei weiteren schönen Lokalitäten desselben Besitzers: 404, ein marokkanisches Restaurant, und Andy Whaloo mit tollen Cocktails. Bei Derrière sind alle Plätze individuell, aber wohnlich gestaltet. Du kannst einen Tisch im „Schlafzimmer" erhalten, zwei der Sitzplätze befinden sich auf dem Bett. Hierher kommt man vor allem für das Erlebnis; das Essen ist Standard. Ein guter Tipp ist das Brunch-Büfett am Wochenende.
69, Rue des Gravilliers, 3. Arr., Tel. +33 144619195, derriere-resto.com, Mi–Sa 12.00–14.30 & 19.30–23.00, So 12.00–16.00 & 19.30–23.00 Uhr, Preis 30 €, Brunch 45 €, Metro 3, 11 Arts et Metiers

⑦ In einer Seitenstraße liegt **Le Hangar**. Dieses Bistro ist ein Geheimtipp unter Einheimischen. Freu dich auf authentische klassische französische Gerichte wie Gänseleber und Entenconfit, die ohne viel Schnickschnack serviert werden. Die Weinkarte ist umfangreich und die Bedienung freundlich.
12, Impasse Berthaud, 3. Arr., Tel. +33 142745544, Di–Sa 12.00–14.30 & 18.45–23.00 Uhr, Preis 22 €, Metro 11 Rambuteau

⑩ Das Architekturbüro Jakob + MacFarlane entwarf die moderne Deko des hippen **Georges** in der oberen Etage des Centre Pompidou. Du fährst mit der Rolltreppe ganz nach oben und hast im Restaurant einen fantastischen Blick über die Stadt. Das hat natürlich seinen Preis. Die Bedienungen sind Models, hier ist also alles perfekt.
Place Georges-Pompidou, 4. Arr., Tel. +33 144784799, restaurantgeorgesparis.com, Mo & Mi–So 12.00–2.00 Uhr, Preis 39 €, Metro 11 Rambuteau

⑭ In Paris gibt es auch Rooftopbars. Le Perchoir hat mehrere in der Stadt, eine davon, **Le Perchoir Marais**, ist auf dem Kaufhaus BHV. Hier kannst du den Tag mit einem Drink und einem Blick über die Stadt ausklingen lassen. Sei pünktlich, denn hierher kommt das hippe Paris.
37, Rue de la Verrerie, 4. Arr., Tel. +33 148061848, leperchoir.fr, Öffnungszeiten siehe Website, Cocktail 15 €, Metro 1, 11 Hôtel de Ville

⑮ Von außen fällt das Bistro **Les Mauvais Garçons** wegen seiner grünen Fassade auf. Im schlichten Interieur mit kleinen Tischen werden vorzügliche französische Gerichte mit Einflüssen aus Lyon serviert. Vorspeisen wie *camembert grillé* oder *gratinée à l'oignon*, Hauptgerichte wie *bœuf bourguignon* oder *cuisses de grenouilles* oder Desserts wie *tarte à la praline rose* – alles ist köstlich!
4, Rue des Mauvais Garçons, 4. Arr., Tel. +33 142727497, FB @lesmauvaisgarcons paris, Mi–So 12.00–15.00 & 18.30–23.00 Uhr, Preis 24 €, Metro 1, 11 Hôtel de Ville

⑯ Das **Au Petit Fer à Cheval** verdankt seinen Namen der hufeisenförmigen Bar aus Zink. Die kleine Terrasse ist ideal zum Beobachten von Menschen. Die Küche ist von 12.00 bis 1.00 Uhr durchgehend geöffnet – eine Seltenheit in Paris!
30, Rue Vieille du Temple, 4. Arr., Tel. +33 142724747, cafeine.com, tgl. 9.00–2.00 Uhr, Preis 20 €, Metro 1, 11 Hôtel de Ville, 1 Saint-Paul

⑰ Bei **Miznon** bekommst du die leckersten Pitabrote der Stadt. Miznon ist hebräisch für „Büftet". Du bestellst an der Theke von den Zutaten auf der Tafel. Wähle zum Beispiel Lamm-Kebab, Bœuf Bourguignon oder Ratatouille. Oder lieber etwas Süßes? Dann nimm ein Bananen-Schoko-Pitabrot.
22, Rue des Écouffes, 4. Arr., Tel. +33 764129606, miznonparis.com, Mo–Do 12.00–23.00, Fr. 12.00–16.00 Uhr, Pita 11 €, Metro 1 Saint-Paul

19

7

25
CHEZ JANOU

19

(19) Der Teesalon **Le Loir dans la Théière** ist eine Adresse für den Nachmittag. Lass dich in die gemütlichen Clubsessel sinken und genieße eine Kanne Tee und *tarte au citron-meringuée* oder anderen frisch gebackenen Kuchen.
3, Rue des Rosiers, 4. Arr., Tel. +33 142729061, leloirdanslatheiere.com, tgl. 9.00–19.30 Uhr, Mittagessen 18 €, Metro 1 Saint-Paul

(25) Für klassische Gerichte aus der Provence ist **Chez Janou** die richtige Adresse. Hier werden *brandade de morue* (Püree aus gesalzenem Kabeljau), Ratatouille und Crême brulée mit Lavendel serviert. Drinnen sitzt man, wie in vielen französischen Bistros, eng beieinander, aber auch draußen auf der Terrasse lässt es sich aushalten.
2, Rue Roger Verlomme, 3. Arr., Tel. +33 142722841, chezjanou.com, tgl. 8.00–2.00 Uhr, Preis 22 €, Metro 8 Chemin Vert

(32) **PNY** steht für Paris New York. Hier werden qualitativ hochwertige Hamburger im New-York-Style serviert. Auf der oberen Etage werden Filmklassiker an die Wand geworfen. Das Preis-Leistungs-Verhältnis ist für Paris sehr gut: Der Burger mit Pommes frites und Getränk kostet 18,50 €.
1, Rue Perrée, 3. Arr., Tel. +33 147701524, pnyburger.com/pny-burger-marais, tgl. 12.00–23.30 Uhr, Menü 18,50 €, Metro 3 Temple

(34) Pariser sind große Brunch-Fans und eine der beliebtesten Adressen im Marais ist das hippe **Season**. Auf der Karte stehen süße und herzhafte Gerichte, davon viele vegetarisch oder vegan. Vor allem sonntags ist viel los, und da man nicht reservieren kann, sollte man früh da sein.
1, Rue Charles-François Dupuis, 3. Arr., Tel. +33 142715297, season-paris.com, tgl. 8.30–19.00 Uhr, Preis 10 €, Metro 3 Temple, 3, 5, 8, 9, 11 République

(35) Zwischen Holzwänden, -decken und -tischen wähnt man sich bei **Le Mary Celeste** auf einem Geisterschiff, das dem Restaurant den Namen gab. In der Austernsaison (September bis April) kannst du dir gut eine Schüssel Austern teilen. Oder du wählst aus der täglich wechselnden Karte und bestellst einen Cocktail.
1, Rue Commines, 3. Arr., Tel. +33 980729883, lemaryceleste.com, Mo–Fr 12.00–14.30 & 18.00–2.00, Sa–So 12.00–2.00 Uhr, Cocktail 13 €, Austern pro Stück 4 €, Metro 8 Filles du Calvaire

SHOPPEN

③ Einen Mix aus neuen, angesagten Marken und Vintage gibt es im Concept-Store **Kiliwatch**. Für Männer und Frauen wird hier eine große Auswahl geboten. Erwarte keine Wühltische mit Sonderangeboten, sondern ein umfassendes, ausgewähltes Angebot an Kleidung und Accessoires.
64, Rue Tiquetonne, 2. Arr., kiliwatch.paris, Mo–Sa 10.30–19.00 Uhr, Metro 4 Étienne Marcel

⑫ Mit drei Filialen in derselben Straße ist **Free'p'star** ein voller Erfolg im Le Marais. In diesem Vintage-Laden findest du Jeans, Bomberjacken, Taschen und mehr – und alles zu günstigen Preisen. Vergiss nicht, einen Blick in die 1-Euro-Tonne zu werfen. Tipp: Komme morgens, wenn nicht so viel los ist.
61, Rue de la Verrerie, 4. Arr., freepstar.fr, Mo–Sa 10.00–19.30, So 12.00–19.30 Uhr, Metro 1, 11 Hôtel de Ville

⑬ **Fleux** ist ein superschöner Concept-Store. In dieser Straße gibt es verschiedene Filialen. Hier findest du Schönes für zu Hause und Geschenke für Kinder wie Spiele und Gadgets, entworfen von französischen und internationalen Designern. Die Läden sind groß und einige erstrecken sich über mehrere Gebäude. Über einen Innenhof gelangst du in den nächsten Laden.
39, Rue Sainte-Croix de la Bretonnerie, 4. Arr., fleux.com, Mo–Do 11.00–20.15, Fr 10.30–20.45, Sa 11.00–20.45, So 11.30–20.15 Uhr, Metro 1, 11 Hôtel de Ville

⑳ Kultur-Concept-Store nennt sich **La Mouette Rieuse**. Hier gibt es vor allem Bücher: von Kochbüchern über Paris-Führer mit einem bestimmten Thema bis hin zu Gedichten und Büchern über Street-Art. Du findest auch Souvenirs wie Poster, Fotodrucke, Notizbücher und Strichzeichnungen von Ländern, Skylines oder die Lieblings-Metrolinie. Im Obergeschoss befindet sich ein Café mit Terrasse.
17 bis, Rue Pavée, 4. Arr, lamouetterieuseparis.com, tgl. 11.00–19.30 Uhr, Metro 1 Saint-Paul

㉖ Nahezu jeder Franzose, ob jung oder alt, hat Turnschuhe von Bensimon im Schrank. Der Concept-Store der beliebten Marke **Home Autour du Monde**

13
fleux

13

I LOVE
YOU.
IN
FRENCH

37

26

HOME
AUTOUR DU MONDE
BENSIMON
COLLECTION
SOLDES
BENSIMON
LOVE
SALE

verkauft sie in allen Sorten und Größen. Außerdem findest du hier die Bensimon-Bekleidungslinie und eine schöne Auswahl an Möbeln und Krimkrams für zu Hause sowie Geschenkartikel.
8, Rue des Francs Bourgeois, 3. Arr., bensimon.com, Mo–Sa 11.00–19.00, So 13.00–19.00 Uhr, Metro 1 Saint-Paul, Metro 8 Chemin Vert

(29) Der ursprünglich koreanische Concept-Store **Tom Greyhound** liegt in einer Nebenstraße der belebten Rue de Bretagne. Der Laden ist bei den Einheimischen für modernes und besonderes Interieur bekannt und eine wahre Inspirationsquelle. An den Ständern hängt ein Mix aus exklusiver, moderner und progressiver Bekleidungsmarken.
19, Rue de Saintonge, 3. Arr., tomgreyhound.com, Mo–Sa 11.00–19.00 Uhr, Metro 8 Saint-Sébastien – Froissart

(31) **Empreintes** ist eine Art Laden, die du in Paris nicht häufig finden wirst. Schon die Größe ist beeindruckend: Der 600 Quadratmeter große Raum verteilt sich auf vier Etagen. Hier findest du eine umfangreiche Auswahl kunsthandwerklicher Produkte, von Küchenwaren und Möbeln bis hin zu Kunstobjekten. Die Preise variieren von 20 Euro bis 10 000 Euro – da ist für jeden etwas dabei.
5, Rue de Picardie, 3. Arr., empreintes-paris.com, Di–Sa 11.00–13.00 & 14.00–19.00 Uhr, Metro 3 Temple

(33) In der Nähe des Place de la Republique liegt **0fr**, der avantgardistischste Buchladen von Paris. Er steht wegen der diversen Zeitschriften vor allem bei Modeliebhabern und Kunstfans hoch im Kurs. Außerdem findet man eine große Auswahl an Fotobänden. 0fr ist nicht nur ein Laden, sondern auch unabhängiger Herausgeber und Kunstgalerie. Das Personal wird dir gern von ihren monatlichen Ausstellungen berichten.
20, Rue Dupetit-Thouars, 3. Arr., Insta @ofrparis, tgl. 10.00–20.00 Uhr, Metro 3 Temple

(36) **Merci** ist ein *concept charity store*: Ein Teil des Gewinns fließt in einen Fonds, aus dem unter anderem Schulessen für Kinder in Madagaskar finanziert wird. Das Minikaufhaus bietet eine originelle Kollektion an Mode, Möbeln und Küchen- und Dekoartikeln. Alles hier ist hip und nachhaltig. La Cantine Merci im

Keller ist beliebt zum Lunchen. Im Erdgeschoss liegt das Used Book Café. Eine Tür weiter hat das Merci Cinema Café seinen Sitz und noch ein Stück weiter, in Nummer 91, die zugehörige Pizzeria Grazie.

111, Boulevard Beaumarchais, 3. Arr., merci-merci.com, Mo–Do 10.30–19.30, Fr–Sa 10.30–20.00, So 11.00–19.30 Uhr, Metro 8 Saint-Sébastien – Froissart

(37) Bei **The Frankie Shop** dreht sich alles um Kleidung in Übergröße. Hier findest du exklusive Stücke verschiedener Marken, darunter Frankies Eigenkreationen, die echten Pariser Stil verkörpern. Mäntel, Jeans, Oberteile und schöne, hochwertige Accessoires: Hier möchtest du alles kaufen. Gegenüber, in Nummer 14, findest du die Herren- und Unisex-Kollektion.

14, Rue Saint-Claude, 3. Arr., thefrankieshop.com, Mo–Fr 12.00–19.00, Sa. 11.00–19.00, So. 14.00–18.00 Uhr, Metro 8 Saint-Sébastien – Froissart

FREIZEITTIPPS

(4) Zwischen Les Halles und Les Grands Boulevards liegt die **Rue Montorgueil**, ein kleines Dorf mitten in Paris. Hier finden sich einige der besten kulinarischen Adressen der Stadt. Besuche La Fermette für Käse und Le Repaire de Bacchus für Wein. Oder gehe in die preisgekrönte Konditorei La Maison Stohrer, wo das klassische französische Dessert *baba au rhum* erfunden wurde, ein luftiger, in Rumsirup getränkter Kuchen. In den Seitenstraßen finden sich zahlreiche Modeläden, traditionelle Bistros und trendige Bars.

Rue Montorgeuil, 2. Arr., Metro 3 Sentier

(8) Etwas versteckt hinter dem Centre Pompidou liegt der **Jardin Anne Frank** an der Ecke Rue Rambuteau und Rue Beaubourg – der perfekte Ort, um dem Trubel zu entfliehen. Suche den Kastanienbaum von Anne Frank: Ein Steckling des in ihrem Tagebuch beschriebenen Baums wurde 2007 durch das Amsterdamer Anne-Frank-Haus gepflanzt. Im Jardin liegt auch das Musée de la Poupée, ein Puppenmuseum.

14, Impasse Berthaud, 3. Arr., paris.fr/equipements//jardin-anne-frank-2737, Öffnungszeiten siehe Website, Eintritt frei, Metro 11 Rambuteau

⑨ Das **Centre Pompidou** – von den Locals auch „Beaubourg" genannt – ist ein Entwurf der Architekten Renzo Piano und Richard Rogers. Bei der Eröffnung 1977 gab es viel Kritik, denn alle Leitungen liegen außen. Die Daueraustellung besteht aus über 1400 Kunstwerken. Außerdem gibt es Sonderausstellungen, Filmvorführungen und Konferenzen. Besuche den großen Buchladen und genieße ganz oben den tollen Blick über die Stadt.

Place Georges-Pompidou, 4. Arr., centrepompidou.fr, Mo & Mi–So 11.00–21.00 Uhr, Eintritt 15 €, nur Aussichtsterrasse 5 €, Metro 11 Rambuteau

⑱ **Rue des Rosiers** ist eine lebendige Straße voller jüdischer Restaurants. Die Pariser holen sich hier am Wochenende gern Falafel, zum Beispiel bei L'As du Fallafel. Freitagabend und Samstag, während des Sabbats, sind einige Adressen geschlossen. In der Nummer 10 befindet sich der Eingang zu einem kleinen Park, wo du Falafel auf einer Bank essen kannst. Oder du reservierst einen Tisch im Restaurant Chez Marianne, an der Ecke zur Rue des Hospitalières-Saint-Gervais.

Rue des Rosiers, 4. Arr., Metro 1 Saint-Paul

8

30

23
MANDARINE

(23) Möchtest du dem hektischen Treiben im Le Marais entfliehen? **Le Village Saint-Paul** ist ein Labyrinth aus Gebäuden und gemütlichen Innenhöfen mit über vierzig Galerien, Buch- und Antiquitätenläden, Cafés und Restaurants. Schlendere umher und vergiss die Zeit.

Le Village Saint-Paul, zwischen Quai des Selestins, Rue Saint-Paul und Rue Charlemagne, 4. Arr., levillagesaintpaul.com, tgl. 11.00–19.00 Uhr, Metro 1 Saint-Paul, 7 Pont Marie

(24) Für viele ist der **Place des Vosges** der schönste Platz in Paris. Le Marais war bei Aristokratie und reichem Bürgertum ein beliebtes Wohnviertel. Das brachte Henri IV. 1605 auf die geniale Idee, einen rechteckigen Park anzulegen, umsäumt von 36 Wohnhäusern. Viele berühmte Franzosen wollten hier wohnen: Kardinal Richelieu wählte die Nummer 21, Schriftsteller Victor Hugo die Nummer 6. Ein herrlicher Ort, um auf einer Bank oder auf einer der schönen Terrassen zu sitzen.

Place des Vosges, 4. Arr., Metro 1 Saint-Paul, 1, 5, 8 Bastille

(30) Hier befindest du dich auf dem ältesten Markt von Paris. Er verdankt seinen Namen dem Waisenhaus, das hier früher stand und in dem die Kinder rote Kleidung trugen. In der überdachten Halle bieten rund zwanzig Verkäufer nahezu täglich frische Produkte an. Aber **Le Marché des Enfants Rouges** beherbergt vor allem Lokale, zu denen die Pariser aus allen Ecken der Stadt zum Frühstück, Mittagessen oder Abendessen strömen.

39, Rue de Bretagne, 3. Arr., paris.fr/lieux/marche-couvert-des-enfants-rouges-5461, Di–Sa 8.30–20.30, So 8.30–17.00 Uhr, Metro 8 Filles du Calvaire

(38) Restaurant, Metzgerei, Käseladen, Weinhandlung und mehr ... **Maison Plisson** ist alles und ein Muss für Feinschmecker. Das Geschäft ist seit seiner Eröffnung ein echter Hit. Die 500 Quadratmeter große Fläche ist in zwei Bereiche aufgeteilt. Rechts befindet sich ein kleiner Supermarkt mit frischen, hochwertigen Produkten, links ein Lunch-Restaurant, in dem diese Produkte von Chefkoch Bruno Doucet zu köstlichen Gerichten verarbeitet werden.

93, Boulevard Beaumarchais, 3. Arr., lamaisonplisson.com, Mo–Fr 8.30–21.00, So 8.30–20.00 Uhr, Metro 8 Saint-Sébastien – Froissart

ROUTE 4

L'ÎLE DE LA CITÉ, QUARTIER LATIN & SAINT-GERMAIN-DES-PRÉS

INFOS ZUR ROUTE

Diese Tour führt dich am linken Ufer der Seine unter anderem durch das 5. und 6. Arrondissement. Du kannst sie eventuell auf zwei Tage aufteilen, sodass du mehr Zeit für die schönen Parks auf der Route hast. Das 5. Arrondissement (bis Adresse 20) ist vor allem tagsüber interessant, das 6. eher zu Beginn des Abends, also empfehlenswert für Drinks und Abendessen (Adressen 21 bis 38).

DIE VIERTEL

Im Zentrum der Stadt, vom Wasser der Seine umgeben, liegen die Inseln **Île de la Cité** und Île Saint-Louis. Sie werden von der beim großen Brand schwer beschädigten Kirche Notre-Dame dominiert. Auf dem Platz vor der Kathedrale befindet sich eine Kompassrose aus Bronze. Das ist der *Point Zéro* (Nullpunkt), an dem seit 1769 alle Wege von und nach Paris zusammenlaufen. Dass sich dieser Punkt auf der l'Île de la Cité befindet, ist kein Zufall. Die Insel ist die Geburtsstätte von Paris.

Das linke Ufer der Seine, *Rive Gauche*, wo die Römer eine Siedlung bauten, hat seit Jahrhunderten große kulturelle Bedeutung. Mit Gründung der Universität 1215 und später durch die Druckerpresse wurde es zum intellektuellen, literarischen Zentrum der Stadt. Gelehrte, Schriftsteller und Verleger ließen sich hier nieder. Dazu kamen zahlreiche Buchhandlungen, Autorencafés und Galerien. Um den Hügel Sainte-Geneviève entstand das **Quartier Latin**, das Pariser Studentenviertel. Die **Rue Mouffetard** mit Restaurants und Bars ist eine der ältesten Straßen von Paris.

Das Viertel **Saint-Germain-des-Prés** wurde zum intellektuellen und literarischen Zentrum der Stadt. In den Nachtclubs vereinten sich philosophische, politische und literarische Diskussionen mit der rauchigen Jazz-Atmosphäre. Der

Philosoph Sartre, seine Lebensgefährtin de Beauvoir, die Schriftsteller Hemingway und Capote: Sie alle waren Stammkunden im **Café de Flore**. Die lebendige Atmosphäre von damals ist noch immer spürbar.

Im 5. und 6. Arrondissement liegen zwei schöne grüne Ruhepunkte: **Le Jardin des Plantes**, mit einem botanischen Garten, und **Le Jardin du Luxembourg** mit dem Palais du Luxembourg. Dieser Palast von Marie de' Medici dient heute als Senatssitz.

WENIG ZEIT? DAS SIND DIE HIGHLIGHTS:
L'ÎLE DE LA CITÉ + LE JARDIN DU LUXEMBOURG + LA MOSQUÉE DE PARIS + CAFÉ DE FLORE + RUE MOUFFETARD

TIPPS
// Sinnvoll, wenn du zum ersten Mal in Paris bist!
// Eine Tour durch das alte Paris und entlang der schönsten Parks
// Zum Radfahren geeignet

L'ÎLE DE LA CITÉ, QUARTIER LATIN & SAINT-GERMAIN-DES-PRÉS

1. Place Dauphine
2. La Conciergerie
3. Sainte-Chapelle
4. L'Île de la Cité
5. Aux Trois Mailletz
6. Notre-Dame
7. Le Saint-Régis
8. Berthillon
9. Institut du Monde Arabe
10. Piscine Pontoise
11. Le Bonbon au Palais
12. Arènes de Lutèce
13. Jardin des Plantes
14. Muséum d'Histoire naturelle
15. La Mosquée de Paris
16. Rue Mouffetard
17. Café Delmas
18. Panthéon
19. Cinéma du Panthéon
20. Musée de Cluny
21. Le Jardin du Luxembourg
22. agnès b
23. Tiger
24. Trudon
25. La Cour du Commerce Saint-André
26. Big Band Poterie
27. Huguette
28. Bar du Marché
29. La Boissonnerie
30. La Palette
31. Musée Eugène Delacroix
32. Guenmaï
33. Église Saint-Germain-des-Prés
34. Café de Flore
35. Ralph's
36. Maje
37. Dupin
38. Smallable

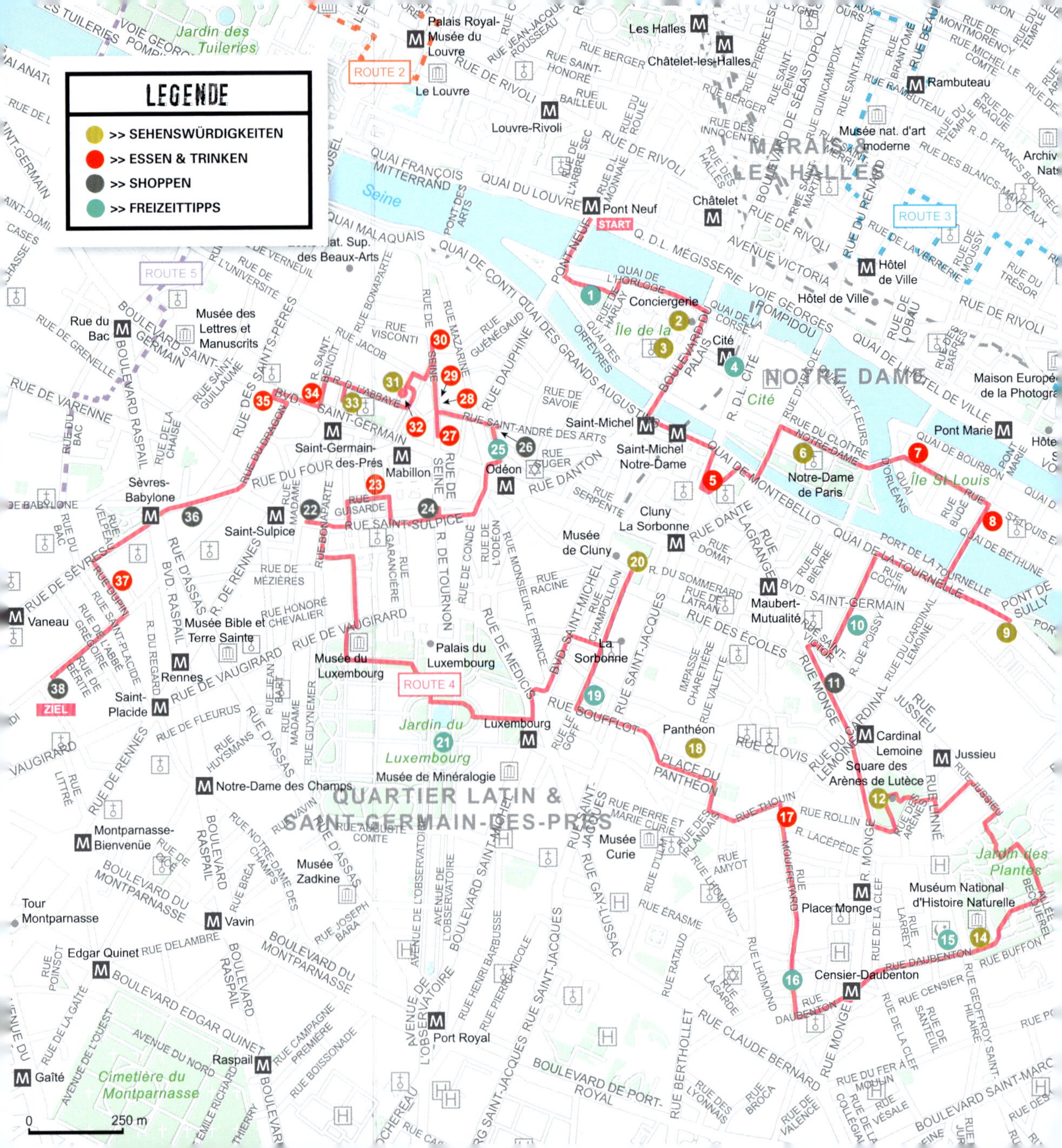
LEGENDE
>> SEHENSWÜRDIGKEITEN
>> ESSEN & TRINKEN
>> SHOPPEN
>> FREIZEITTIPPS
START
ZIEL
ROUTE 2
ROUTE 3
ROUTE 4
ROUTE 5
MARAIS & LES HALLES
NOTRE DAME
QUARTIER LATIN & SAINT-GERMAIN-DES-PRÉS
Jardin des Tuileries
Seine
Île de la Cité
Île St-Louis
Jardin du Luxembourg
Jardin des Plantes
Cimetière du Montparnasse
Palais Royal-Musée du Louvre
Le Louvre
Louvre-Rivoli
Les Halles
Châtelet-les-Halles
Rambuteau
Musée nat. d'art moderne
Pont Neuf
Châtelet
Hôtel de Ville
Conciergerie
Cité
Saint-Michel
Saint-Michel Notre-Dame
Notre-Dame de Paris
Maison Européenne de la Photographie
Pont Marie
Musée des Lettres et Manuscrits
Rue du Bac
Saint-Germain-des-Prés
Mabillon
Odéon
Sèvres-Babylone
Saint-Sulpice
Musée de Cluny
Cluny La Sorbonne
Maubert-Mutualité
Vaneau
Musée Bible et Terre Sainte
Rennes
Saint-Placide
Palais du Luxembourg
Musée du Luxembourg
Luxembourg
La Sorbonne
Panthéon
Cardinal Lemoine
Jussieu
Square des Arènes de Lutèce
Musée de Minéralogie
Notre-Dame des Champs
Montparnasse-Bienvenüe
Musée Curie
Musée Zadkine
Tour Montparnasse
Vavin
Place Monge
Muséum National d'Histoire Naturelle
Censier-Daubenton
Edgar Quinet
Port Royal
Raspail
Gaîté
Quai du Louvre
Quai de Conti
Quai des Grands Augustins
Quai de Montebello
Quai de la Tournelle
Boulevard Saint-Germain
Boulevard Saint-Michel
Rue de Rivoli
Rue de Vaugirard
Rue de Rennes
Rue de Sèvres
Boulevard du Montparnasse
Boulevard Raspail
Rue Mouffetard
Rue Monge
0
250 m

BESCHREIBUNG ROUTE 4 (ca. 12,1 km)

Starte bei der Metro Pont Neuf und gehe über die Brücke zu den Gebäuden links in der Mitte der Brücke. Biege in die Rue Henri Robert zum Place Dauphine 1 ab. Gehe links den Quai de l'Horloge hinauf bis zum Boulevard du Palais, wo du rechts abbiegst 2 3. Du befindest dich nun auf der L'Île de la Cité 4. Gehe über die Pont Saint-Michel, sofort links und weiter zur nächsten Brücke. Biege rechts in die Rue du Petit Pont und die erste Straße links Richtung Pariser Entertainment 5 ein. Gehe über die Rue Saint-Julien le Pauvre und die Pont au Double zu Notre-Dame 6. Laufe hier bis zur Île Saint-Louis 7, wo es das beste Eis gibt 8. Nimm rechts die Rue des Deux Ponts und überquere die Brücke. Vor dem Institut du Monde Arabe 9 links. Oder gehe rechts und dann links zur Rue de Pontoise zum alten Schwimmbad 10. Am Ende rechts und zweimal links zur Rue Monge. Halte kurz am Süßwarenladen 11 und gehe weiter zum Amphitheater 12. Nimm den Ausgang bei der Rue des Arènes und gehe links. Rechts über die Rue Linné bis zur Rue Guy de la Brosse. Biege am Ende rechts zum Jardin des Plantes 13 ab. Nimm den Ausgang an der Rue Geoffroy-Saint-Hilaire 14. Gehe zur Moschee 15 und geradeaus zur Rue Daubenton. Laufe bis zur Rue Mouffetard und biege rechts ab 16. Gehe am Platz entlang 17, links in die Rue Thouin und rechts über die Rue Clothilde zum Panthéon 18. Gehe darum herum in die Rue Soufflot. Jetzt rechts in die Rue Victor Cousin zum Kino 19 und zu einem Museum 20. Gehe ein Stück zurück und rechts zum Boulevard Saint-Michel. Biege links zum Park 21 ein. Durchquere ihn und nimm den Ausgang links vom Sénat, sodass du über die Rue Férou zu Saint-Sulpice gelangst. Auf der linken Seite bietet die Rue du Vieux Colombier schöne Einkaufsmöglichkeiten 22. Eine Gin-Tonic-Bar findest du in den Seitenstraßen der Rue Saint-Sulpice 23. Etwas weiter gibt es besondere Geschäfte 24. Am Ende der Rue Saint-Sulpice geht es links und über den Boulevard Saint-Germain zu einer der ältesten Gassen der Stadt 25. Gehe diese hinunter und schaue nach rechts 26 oder gehe links die Rue de Buci zur Rue de Seine. Mache eine Pause auf einer Terrasse 27 28 29 30. Gehe zurück über die Rue de l'Échaude und die Rue Jacob zur Rue de Furstemberg 31. Schaue dich um und biege dann in die Rue Cardinale 32. Jetzt rechts in die Rue de l'Abbaye 33. Am Ende der Straße liegt links ein berühmtes Café 34. Gehe rechts, um amerikanisch zu essen 35. Spaziere die Rue du Dragon entlang zur Rue de Sèvres, wo du französische Mode findest 36. Nun links in die Rue Dupin 37. Rechts geht es zu einem schönen Concept-Store 38.

SEHENSWÜRDIGKEITEN

② **La Conciergerie** war das erste Gefängnis von Paris. Der Revolutionär Georges Danton war einer der vielen Inhaftierten, genau wie Marie-Antoinette und Robespierre. Ihre Zellen sind jetzt zu ihrem Andenken in Kapellen umgebaut, die man besichtigen kann.

2, Boulevard du Palais, 1. Arr., paris-conciergerie.fr, tgl. 9.30–18.00 Uhr, Eintritt 11,50 €, Metro 4 Cité

③ Die Kathedrale **Sainte-Chapelle** wurde zu Zeiten von König Ludwig IX. erbaut, um die Dornenkrone und ein Stück des Heiligen Kreuzes – beide von Jesus Christus – aufzubewahren. Das Gebäude hat zwei Kapellen: die „niedrige" Kapelle für die Dienstboten des Königs und die „hohe" Kapelle für die königliche Familie. Die prächtigen Buntglasfenster haben großen kulturhistorischen Wert.

8, Boulevard du Palais, 1. Arr., sainte-chapelle.fr, 1. Apr.–30. Sep. tgl. 9.00–19.00, 1. Okt.–31. März tgl. 9.00–17.00 Uhr, Eintritt 11,50 €, Metro 4 Cité

⑥ Welch große Bedeutung **Notre-Dame** für die Pariser hat, wurde 2019 schmerzlich deutlich, als das Dach der Kathedrale in Flammen aufging. Ein Teil des Daches und der Turm stürzten ein und richteten im Innenraum große Verwüstung an. Sofort kamen Ideen für ein neues Dach auf. Wird es aus Glas oder aus Buntglas sein? Wie schön wäre es, darauf einen Park anzulegen? Schließlich beschloss man, das Dach in seiner ursprünglichen Form wiederherzustellen.

6, Parvis Notre-Dame, 4. Arr., notredamedeparis.fr, Metro 4 Cité, Saint-Michel Notre-Dame

⑨ Das Gebäude des **Institut du Monde Arabe**, in den 1980er-Jahren von Jean Nouvel entworfen, ist mit Tausenden kleinen Irisblenden aus Stahl versehen. Sie öffnen und schließen sich je nach Lichteinfall. Im Inneren befindet sich eine beeindruckende Sammlung arabischen Designs mit zeitgenössischen Kunstobjekten, Kalligrafien und Musikinstrumenten. Genieße auf der Dachterrasse die Aussicht über die Seine und Notre-Dame.

1, Rue des Fossés Saint-Bernard, 5. Arr., imarabe.org, Di–Fr 10.00–18.00, Sa–So 10.00–19.00 Uhr, Eintritt 8 €, Metro 7, 10 Jussieu

6

2

18

⑫ **Arènes de Lutèce** ist ein römisches Amphitheater aus dem 1. Jahrhundert. Die Ruine ist das älteste erhaltene Gebäude in Paris. In römischer Zeit fanden hier Theaterstücke und Gladiatorenkämpfe statt. Die Tribünen boten Platz für 17 000 Zuschauer. Nach dem Untergang des Römischen Reiches war der Standort des Theaters lange Zeit unbekannt. Anfang des letzten Jahrhunderts wurde das Theater ausgegraben, teilweise restauriert und als öffentlicher Platz eröffnet.
47, Rue Monge, 5. Arr., parisjetaime.com/eng/culture/arenes-de-lutece-et-square capitan-p1094, Öffnungszeiten siehe Website, Eintritt frei, Metro 10 Cardinal Lemoine, 7, 10 Jussieu

⑭ In der Grande Galerie de l'Évolution des **Muséum national d'Histoire naturelle** lernst du alles über die Evolution und das Verhältnis von Mensch und Natur. In diesen großartig renovierten Räumen aus Glas und Metall kannst du eine riesige Sammlung ausgestopfter Tiere besichtigen. Ein echter Tipp!
36, Rue Geoffroy-Saint-Hilaire, 5. Arr., mnhn.fr, Mo & Mi–So 10.00–18.00 Uhr, Eintritt 10 €, Metro 7, 10 Jussieu, 5, 10 Austerlitz

⑱ Das **Panthéon** ist ein Meisterwerk des Architekten Soufflot. Die ehemalige Kirche wurde nach der Französischen Revolution zur Nekropolis zahlloser französischer Berühmtheiten umgewidmet. Über siebzig „Männer von Format", darunter Voltaire, Rousseau, Hugo und Zola, fanden hier ihre letzte Ruhestätte. 2021 bekam die Tänzerin und Widerstandsheldin Josephine Baker ein Grabdenkmal. Von April bis Oktober kannst du die Kuppel mit Aussicht über Paris hinaufsteigen.
Place du Panthéon, 5. Arr., paris-pantheon.fr, Apr.–Sep. tgl. 10.00–18.30, Okt.–März tgl. 10.00–18.00 Uhr, Eintritt 11,50 €, Metro 10 Cardinal Lemoine

⑳ Das **Musée de Cluny** steht ganz im Zeichen des Mittelalters. Geschichten aus dieser Zeit erzählt die Wandteppich-Serie *Die Dame mit dem Einhorn*, perfekte Beispiele für den Millefleurs-Stil. Das Gebäude besteht zum Teil aus einem römischen Badehaus, das in außergewöhnlich gutem Zustand erhalten ist.
28, Rue du Sommerard, 5. Arr., musee-moyenage.fr, Di–So 9.30–18.15 Uhr, Eintritt 12 €, Metro 10 Cluny – La Sorbonne

(31) Das **Musée national Eugène Delacroix** befindet sich im früheren Wohnhaus des Malers. Das ehemalige Atelier gibt nicht nur einen guten Eindruck vom Werk des Künstlers, sondern auch von seiner Zeit, der Romantik. Laufe weiter zum Place de Furstemberg, einem herrlich verborgenen Platz.
6, Rue de Furstemberg, 6. Arr., musee-delacroix.fr, Mo & Mi–So 9.30–17.30 Uhr, Eintritt 7 €, Metro 4 Saint-Germain-des-Prés, 10 Mabillon

(33) Die **Église Saint-Germain-des-Prés** ist die älteste Kirche von Paris, auch wenn von dem ursprünglichen Gebäude aus dem 6. Jahrhundert wenig übrig ist. Die heutige Kirche stammt aus dem 11. und 12. Jahrhundert und verbindet romanische und gotische Architektur. Im Inneren überraschen die bunt bemalten Decken, Wände und Säulen. Mehrere berühmte Persönlichkeiten sind in der Kirche begraben, darunter der Philosoph René Descartes.
3, Place Saint-Germain-des-Prés, 6. Arr., Mo 9.30–20.00, Di–Sa 24 Std. geöffnet, So 9.30-20.00 Uhr, Eintritt frei, Metro 4 Saint-Germain-des-Prés

ESSEN & TRINKEN

(5) **Aux Trois Mailletz** – hierher kommst du nicht wegen des ausgezeichneten Essens, sondern wegen der Atmosphäre. Genieße oben einen Drink bei Klaviermusik oder tauche ab in den Keller zu Musik, Tanz und kleinen Auftritten. Seit Jahr und Tag ist das Trois Mailletz bei den Parisern für vergnügliche Abende bekannt, deren Verlauf nie vorhersehbar ist.
56, Rue Galande, 5. Arr., Tel. +33 143540079, auxtroismailletz.com, tgl. 18.00–5.00 Uhr, Preis 25 €, Metro 4 Cité, Saint-Michael Notre-Dame

(7) **Le Saint-Régis** ist ein typisch Pariser Café, perfekt für ein Glas Wein mit Käse oder einen guten Lunch. Das Café befindet sich am schönsten Platz der Île Saint-Louis, und über die Brücke gelangst du in die Gärten von Notre-Dame.
6, Rue Jean du Bellay, 4. Arr., Tel. +33 143545941, lesaintregis-paris.com, tgl. 7.30–2.00 Uhr, Preis 26 €, Metro 7 Pont Marie

(8) Eis ist in Frankreich nicht ganz so beliebt wie *gelato* in Italien. Eine Ausnahme bestätigt jedoch diese Regel: **Berthillon**. Hier kannst du köstliche Sorbets

34
Café de Flore
CAFE DE FLORE

28

30
La Palette

23

23

7
St REGIS

genießen. DAS Eis in Paris … mit über 70 Sorten. Dafür steht man gern ein bisschen Schlange!

31, Rue Saint Louis en l'Île, 4. Arr., Tel. +33 143543161, berthillon.fr, Mi–So 10.00–20.00 Uhr, Preis 5 €, Metro 7 Pont Marie

⑰ Ernest Hemingway beschrieb den Vorläufer des **Café Delmas** – das Café des Amateurs – als „Kloake der Rue Mouffetard". Das heutige Café Delmas ist bei der Schülerschaft der benachbarten *lycées* sehr beliebt. Die Terrasse ist der perfekte Ort, um die typische Atmosphäre dieses Viertels einzusaugen.

2, Place de la Contrescarpe, 5. Arr., Tel. +33 143265126, cafedelmas.com, tgl. 9.00–1.30 Uhr, Cocktail 12 €, Metro 10 Cardinal Lemoine

㉓ Von allen Bars rund um die Metrostation Odéon ist **Tiger** die schönste: Die Böden sind mit Mosaiken bedeckt, die Wände mit Dschungeltapeten geschmückt, und die drei Räume auf verschiedenen Ebenen werden durch offene Holzkonstruktionen getrennt. Beim Tiger dreht sich alles um Gin, und die Barkeeper servieren Hunderte Sorten. Wenn du Gin-Tonic liebst, bist du hier richtig:

Beim Tiger werden bestimmt 1040 verschiedene Mixturen angeboten. An zwei Samstagen im Monat gibt es einen Cocktail-Workshop.
13, Rue Princesse, 6. Arr., Tel. +33 184058174, tiger-paris.com, Mo–Sa 17.30–2.00 Uhr, Cocktail 14 €, Metro 10 Mabillon

(27) Bei **Huguette** auf der Rue de Seine fühlt man sich wie am Strand mitten in Saint-Germain-des-Prés. Auf der Terrasse lässt es sich bei Austern und Weißwein gut aushalten. Auch einige Fleischgerichte stehen auf der Karte. Rechts im Restaurant wird der frische Fisch zubereitet, den man auch mitnehmen kann.
81, Rue de Seine, 6. Arr., Tel. +33 143250028, huguette-bistro.com, tgl. 12.00–23.30 Uhr, Mittagessen 20 €, Metro 10 Mabillon

(28) Die Terrasse der **Bar du Marché** ist der perfekte Ort, um Menschen zu beobachten. Das Café grenzt an die Rue de Buci, eine quirlig-lebendige Einkaufsstraße mit vielen Straßencafés. Die gut gelaunten Ober mit ihren blauen Overalls und dem Barett auf dem Kopf erinnern an Straßenjungen.
75, Rue de Seine, 6. Arr., Tel. +33 143265515, Inst @bardumarcheparis, tgl. 8.00–2.00 Uhr, Preis 15 €, Metro 10 Mabillon, 4, 10 Odéon

(29) Die schöne Mosaikfassade des Restaurants **La Boissonnerie** ist nicht ganz authentisch. Wenn man genau hinsieht, ist zu erkennen, dass der Buchstabe B früher ein P war. Das Wort *boisson* bedeutet im Französischen „Getränk" und *poisson* heißt „Fisch" – das Lokal war also früher eine *poissonnerie*, eine Fischhandlung. Auf der Karte stehen neben Fisch auch Fleisch- und vegetarische Gerichte, und es gibt eine umfangreiche Weinkarte.
69, Rue de Seine, 6. Arr., Tel. +33 143543469, fishlaboissonnerie.com, tgl. 12.30–14.30, 19.00–22.30 Uhr, Hauptgericht 25 €, Table du Chef 70 €, Metro 10 Mabillon

(30) Drinnen wie draußen sitzt man bei **La Palette** ausgezeichnet. Das Innere ist im Art-déco-Stil eingerichtet und versetzt dich in das Paris der 1920er-Jahre. Auch im Freien lässt es sich auf der sonnigen und grünen Terrasse gut aushalten. Genieße einen traditionellen *apéro*: einen Aperitif mit Käse oder *saucisson*.
43, Rue de Seine, 6. Arr., Tel. +33 143266815, parisjetaime.com/restaurant/lapalette-p628, tgl. 8.00–2.00 Uhr, Glas Wein 8 €, Käseplatte 23,50 €, Metro 10 Mabillon

(32) Die weiße Fassade mit grünen Akzenten mag daran erinnern, aber das **Guenmaï** ist keine Apotheke. Auf der Karte dieses vegetarischen Restaurants steht vor allem gesundes Essen. Du kannst Quiches, vegane Kroketten und Smoothies bestellen – und auch eine Tasse Tee trinken.
6, Rue Cardinale, 6. Arr, Tel. +33 143260324, FB @guenmai, Mo–Sa 9.00-20.30 Uhr, Preis 13,50 €, Metro 10 Mabillon

(34) Erst, wenn du im **Café de Flore** einen Kaffee getrunken hast, kannst du behaupten, Saint-Germain-des-Prés wirklich erlebt zu haben. Existenzialisten wie Jean-Paul-Sartre und Simone de Beauvoir, der Maler Pablo Picasso und der Autor André Breton waren hier Stammgäste.
172, Boulevard Saint-Germain, 6. Arr., Tel. +33 145485526, cafedeflore.fr, tgl. 7.30–1.30 Uhr, Mittagessen 20 €, Metro 4 Saint-Germain-des-Prés

(35) Verborgen im Innenhof eines alten Hotels liegt **Ralph's**, das Luxusrestaurant des amerikanischen Modedesigners Ralph Lauren. Auf der Karte stehen typisch amerikanische Gerichte wie Steak, Burger und Ceasar Salad mit luxuriösem Touch. Hier kannst du ein Glas Champagner zum Cheeseburger bestellen.
173, Boulevard Saint-Germain, 6. Arr., Tel. +33 189202350, ralphlauren.fr/en/global/ralphs-paris/7120, tgl. Sommer 12.00–16.00 & 19.00–23.00, Winter 12.00–15.00 & 19.00–22.00 Uhr, Preis 37 €, Metro 4 Saint-Germain-des-Prés

(37) **Dupin** ist ein geselliges Restaurant, um mit Freunden ein gutes Essen zu genießen. Unter der mit Efeu bewachsenen Decke kommen die besten Gerichte auf den Tisch. Der kreative junge Küchenchef versucht, so nachhaltig wie möglich zu kochen und setzt dabei auf Gemüse. Dieses Restaurant ist nicht umsonst im Michelin-Führer aufgeführt.
11, Rue Dupin, 6. Arr., Tel. +33 142226456, restaurantdupin.com, Di–Sa 12.00–14.30 & 19.00–22.00 Uhr, Menü 49 €, Metro 10, 12 Sèvres – Babylone

SHOPPEN

(11) **Le Bonbon au Palais** ist ein herrlicher Süßwarenladen mit Gläsern voller Süßigkeiten aus allen Ecken Frankreichs. Der engagierte Besitzer erzählt gern,

28
Bar du
Marché
GAZ
GAZ

24
TRVDON
.1643.
7

24

woher die Süßigkeiten stammen, und vielleicht lässt er dich sogar probieren! Die kandierten Veilchenpastillen zum Beispiel, hergestellt aus natürlichen Zutaten.

19, Rue Monge, 5. Arr., lebonbonaupalais.fr, Di–Sa 10.30–19.00 Uhr, Metro 10 Cardinal Lemoine

㉒ In der französischen Modewelt ist **agnès b** ein Begriff. Die Teile der Bekleidungslinie sind echte Basics in der Garderobe Pariser Frauen und Männer. In der Nummer 6 findest du agnès b *femme* und in Nummer 10–12 agnès b *homme*.

6, Rue du Vieux Colombier, 6. Arr., agnesb.eu, Mo–Fr 10.00–19.30, Sa 10.00–20.00 Uhr, Metro 4 Saint-Sulpice

㉔ **Trudon** ist ein Familienunternehmen, das bereits seit 1643 besteht und Kerzen und Parfüms herstellt. Die Kerzen werden in der Normandie von Hand hergestellt. Zur Zeit Ludwigs XIV. war Trudon Hoflieferant von Versailles.

78, Rue de Seine, 6. Arr., trudon.com, Mo 11.00–19.00, Di–Sa 10.30–19.30 Uhr, Metro 4, 10 Odéon

㉖ Wo früher ein Jazzclub war, befindet sich heute ein Atelier und ein Laden für Keramik. In der **Big Band Poterie** arbeitet man mit dem Konzept „Töpfern pro Kilo". Man bezahlt für das Gewicht des Kunstwerks. Um die Vergangenheit zu ehren, werden Töpfer-Workshops mit Live-Jazzmusik organisiert.

57, Rue Saint-André des Arts, 6. Arr., bigbandpoterie.com, Mo–Fr 9.00–18.00 Uhr, Metro 4, 10 Odéon

㊱ Wenn du dich fragst, woher die Pariserinnen ihre schicken Outfits haben, ist es wahrscheinlich, dass sie **Majé** tragen. Die französische Marke und ihre Boutiquen sind ein beliebtes Einkaufsziel der Locals.

15, Rue de Sèvres, 6. Arr., fr.maje.com, Mo–Sa 11.00–20.00, So 11.00–19.00 Uhr, Metro 10, 12 Sèvres – Babylone

㊳ Der Family-Concept-Store, so wird diese Filiale von **Smallable** auch genannt. Hier bekommst du Kleidung für Babys, Kinder und Jugendliche, Küchengeräte, Möbel, Spielzeug, Bücher und vieles mehr.

81, Rue du Cherche-Midi, 6. Arr., smallable.com, Mo 14.00–19.00, Di–Sa 11.00–19.00 Uhr, Metro 4 Saint-Placide

FREIZEITTIPPS

(1) Hinter dem Justizpalast bietet dieser Platz eine schöne Gelegenheit für eine Pause. Die stattlichen Gebäude rund um den **Place Dauphine** dämpfen den Lärm der Stadt, im Sommer spenden die Bäume Schatten und Bänke laden zum Erholen, Bücherlesen oder Beobachten des Petanque-Spiels ein.
Place Dauphine, l'Île de la Cité, 1. Arr., Metro 7 Pont Neuf

(4) Die **L'Île de la Cité** ist die Insel, um die sich Paris entwickelte. Ursprünglich bestand sie aus zwei unbewohnten Inseln: Île aux Vaches („Insel der Kühe") und Île Notre-Dame. Zu Beginn des 17. Jahrhunderts wurden beide Inseln von Ingenieur Christophe Marie miteinander verbunden und um 1664 waren sie bebaut. Besuche den Pflanzenmarkt, setze dich auf eine Terrasse am Wasser oder picknicke in dem kleinen Park an der Spitze der Insel, dem Square du Vert-Galant.
l'Île de la Cité, 4. Arr., Metro 4 Cité

(10) Schwimmen in einem Pool, der ein historisches Kulturerbe ist? **Piscine Pontoise** wurde 1934 von Lucien Pollet erbaut, der vier solcher Schwimmbäder in Frankreich entwarf. Die blauen Umkleidekabinen auf den Galerien sind typisch für den Art-déco-Stil. Informiere dich auf der Website über die *nocturnes*, bei denen du bis Mitternacht bei stimmungsvoller Musik und Beleuchtung schwimmen kannst.
19, Rue de Pontoise, 5. Arr, paris.fr/lieux/piscine-pontoise-2918, Öffnungszeiten siehe Website, Eintritt 4,80 €, Metro Maubert Mutualité

(13) Der herrliche **Jardin des Plantes** ist ein Muss für jeden Gartenfreund. Schlendere durch den botanischen Garten und den Rosengarten, besuche die großen Gewächshäuser, den Spielplatz oder den Zoo mit über 200 Tierarten. Ein Drittel davon ist vom Aussterben bedroht und Teil von Zuchtprogrammen.
57, Rue Cuvier, 5. Arr., jardindesplantes.net, Öffnungszeiten siehe Website, Eintritt Garten frei, Zoo 13 €, Gewächshäuer 7 €, Metro 7, 10 Jussieu, 5, 10 Austerlitz

(15) **La Mosquée de Paris** wurde 1922 als Denkmal für die muslimischen Opfer des Ersten Weltkriegs erbaut. Die Moschee ist für Besucher geöffnet. Verwöhne Körper und Geist im Hamam und im Gebetsraum. Hier gibt es außerdem

13

13

21

21

1

13

eine Teestube, in der du Minztee und arabisches Gebäck genießen kannst. Größere Gerichte werden im Restaurant *(la-mosquee.com)* serviert.

39, Rue Saint-Hilaire, 5. Arr., grandemosqueedeparis.fr, Moschee Mo–Do & Sa–So 9.00–18.00 Uhr, Restaurant & Teestube tgl. 9.00–24.00 Uhr, Hamam tgl. 10.00–21.00 Uhr, Eintritt Moschee 3 €, Metro 7 Place Monge

(16) Die **Rue Mouffetard** stammt aus der Zeit der römischen Herrschaft. Im Mittelalter siedelten sich hier wegen der Nähe zum Fluss Bièvre Handwerker an. Achte auf die vielen Fassadenverzierungen von damals, zum Beispiel an Nummer 134. Der Markt an der Église Saint-Médar findet seit dem 7. Jahrhundert statt. Hier verkaufen lokale Produzenten Gemüse, Obst und Käse. Auch die zahlreichen Restaurants und Cafés machen die Straße zum schönen Ziel.

Rue Mouffetard, 5. Arr., Markt Di, Fr & So 7.00–13.30 Uhr, Metro 7 Place Monge

(19) Das **Cinéma du Panthéon** ist eines der ältesten Kinos von Paris. Hier kannst du nicht nur Filme anschauen, sondern im Le Salon etwas trinken oder essen. Le Salon wurde von keiner Geringeren als Catherine Deneuve eingerichtet. Er ist nur wochentags geöffnet.

13, Rue Victor Cousin, 5. Arr., cinemadupantheon.fr, Zeiten und Preise fürs Kino siehe Website, Le Salon Mo–Fr 12.30–19.00 Uhr, Metro 10 Cluny – La Sorbonne

(21) **Le Jardin du Luxembourg** ist ein Park, den die Pariser gern für ihre Erholung besuchen. Der Park ist übersät mit den „Luxembourg-Stühlen" und man sieht viele Statuen, darunter eine Nachbildung der Freiheitsstatue. Am Rande liegt das Palais du Luxembourg, das zwischen 1615 und 1627 für Maria de' Medici erbaut wurde und heute den französischen Senat beherbergt.

Rue de Vaurigard/Boulevard Saint-Michel, 6. Arr., senat.fr/visite/jardin, Öffnungszeiten siehe Website, Eintritt frei, Metro 4, 10 Odéon

(25) **La Cour du Commerce Saint-André** ist eine 120 Meter lange Passage und eine der wenigen Straßen in Paris, die im 19. Jahrhundert durch Baron Haussmann im Auftrag von Napoleon III. nicht umgebaut wurden. Hier liegt das älteste Pariser Restaurant, Le Procope, gegründet 1686. Königin Marie Antoinette und Kaiser Napoleon speisten hier. Das Kopfsteinpflaster ist noch original.

La Cour du Commerce Saint-André, 6. Arr., Metro 4, 10 Odéon

ROUTE 5

EIFFELTURM, LES INVALIDES & CHAMPS-ÉLYSÉES

INFOS ZUR ROUTE

Dieser lange Spaziergang ist vor allem bei schönem Wetter interessant. Du kannst die Strecke in beide Richtungen laufen. Das Stück vom Eiffelturm über Les Berges de la Seine bis zur Rue du Bac solltest du mit dem Fahrrad zurücklegen. Ab Concorde bis zum Arc de Triomphe kannst du mit dem Rad auch über die Champs-Élysées fahren, denn es ist ein weiter Weg. Steige dann an der Rotonde des Arc de Triomphe ab. Wenn du dieses Stück nicht laufen möchtest, kannst du die Metro-Linie 1 nehmen.

DIE VIERTEL

Paris hat viele imposante, historische Bauwerke zu bieten. Ludwig XIV. verlieh Paris den klassischen Charakter mit Einflüssen der Renaissance. Im 17. Jahrhundert ließ er zur Versorgung seiner verletzten Offiziere und Soldaten **Les Invalides** errichten, wo seine verwundeten Offiziere und Soldaten versorgt wurden. Napoleon brachte den *style Napoleon*, auch Empire genannt, der auf den altägyptischen und römischen Baustil zurückgeht. Er ließ den **Arc de Triomphe** bauen. Während des Zweiten Kaiserreichs von 1852 bis 1870 wurden unter Napoleon III. die klassischen Boulevards und Avenuen angelegt.

Die **Avenue des Champs-Élysées**, die eine Achse zwischen Place Charles de Gaulle mit dem Arc de Triomphe und **Place de la Concorde** bildet, existiert bereits seit dem 17. Jahrhundert. Damals war sie nichts weiter als eine lange Straße in einem Stadtteil, in dem es nicht viel zu erleben gab. 1828 legte die Stadt Paris die ersten Bürgersteige an. Heute ist die Champs-Élysée wegen der vielen bekannten Modeketten berühmt. Auch viele große Kinos findest du hier.

Ende des 19. Jahrhunderts begannen französische Architekten, Materialien wie Eisen und Glas zu verwenden. Im Rahmen der Weltausstellungen wurden der

Eiffelturm, **Le Grand Palais**, **Le Petit Palais** und der **Pont Alexandre III** gebaut.

Die Gemeinde Paris möchte die Stadt für ihre Einwohner möglichst lebensfreundlich gestalten. Die Straße am linken Ufer der Seine zwischen Eiffelturm und **Musée d'Orsay** ist seit 2013 autofrei und dient als Erholungsraum. So entstand Les Berges de la Seine. Seit einigen Jahren ist auch das rechte Ufer größtenteils autofrei.

WENIG ZEIT? DAS SIND DIE HIGHLIGHTS:
EIFFELTURM + PALAIS DE TOKYO + MUSÉE RODIN + MUSÉE D'ORSAY + CHAMPS-ÉLYSÉES

TIPPS

// Ein Muss, wenn du zum ersten Mal in Paris bist!
// Teilstrecken mit dem Fahrrad zurücklegen
// Route entlang wichtiger Sehenswürdigkeiten

EIFFELTURM, LES INVALIDES & CHAMPS-ÉLYSÉES

1. Palais de Tokyo
2. Musée d'Art Moderne
3. Monsieur Bleu
4. Eiffelturm
5. Musée du Quai Branly
6. Les Ombres
7. Les Berges de la Seine
8. Aux Merveilleux de Fred
9. Rue Cler
10. L'Éclair
11. Le Malabar
12. Ba&sh
13. Brasserie Thoumieux
14. Pont Alexandre III
15. Rosa Bonheur sur Seine
16. Les Invalides
17. Musée Rodin
18. Coutume Café
19. Le Bon Marché Rive Gauche
20. Oh My Cream!
21. Beaupassage
22. Noir
23. Deyrolle
24. Musée d'Orsay
25. Jeu de Paume
26. Musée de l'Orangerie
27. Place de la Concorde
28. Le Petit Palais
29. Le Grand Palais
30. Champs-Élysées
31. Ladurée
32. Le Drugstore
33. Le Chiberta
34. Arc de Triomphe

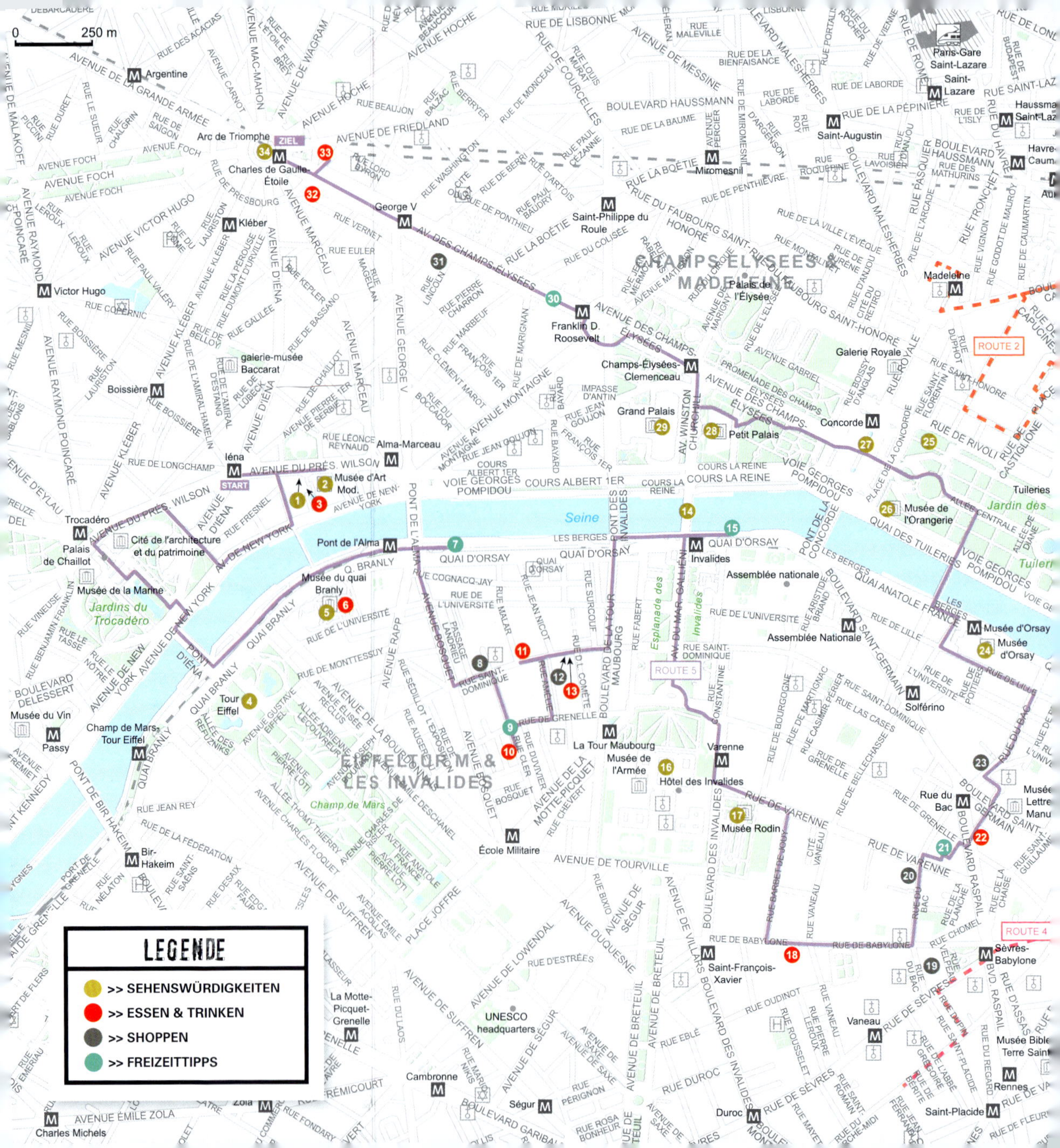

0
250 m
LEGENDE
>> SEHENSWÜRDIGKEITEN
>> ESSEN & TRINKEN
>> SHOPPEN
>> FREIZEITTIPPS
CHAMPS-ÉLYSÉES & MADELEINE
EIFFELTURM & LES INVALIDES
START
ZIEL
ROUTE 2
ROUTE 4
ROUTE 5
Seine
Arc de Triomphe
Charles de Gaulle-Étoile
Argentine
Kléber
George V
Victor Hugo
Boissière
Iéna
Trocadéro
Palais de Chaillot
Cité de l'architecture et du patrimoine
Musée de la Marine
Jardins du Trocadéro
galerie-musée Baccarat
Musée d'Art Mod.
Alma-Marceau
Pont de l'Alma
Musée du quai Branly
Tour Eiffel
Champ de Mars-Tour Eiffel
Champ de Mars
Musée du Vin
Passy
Bir-Hakeim
École Militaire
La Tour Maubourg
Musée de l'Armée
Hôtel des Invalides
Esplanade des Invalides
Invalides
Assemblée nationale
Varenne
Musée Rodin
Saint-François-Xavier
UNESCO headquarters
La Motte-Picquet-Grenelle
Cambronne
Ségur
Duroc
Vaneau
Sèvres-Babylone
Rue du Bac
Solférino
Musée d'Orsay
Tuileries
Jardin des Tuileries
Musée de l'Orangerie
Concorde
Petit Palais
Grand Palais
Champs-Élysées-Clemenceau
Franklin D. Roosevelt
Palais de l'Élysée
Saint-Philippe du Roule
Miromesnil
Saint-Augustin
Galerie Royale
Madeleine
Paris-Gare Saint-Lazare
Saint-Lazare
Havre-Caumartin
Rennes
Saint-Placide
Charles Michels
Musée Bible Terre Sainte
Musée Lettres Manuscrits
AVENUE DES CHAMPS-ÉLYSÉES
AVENUE DE LA GRANDE ARMÉE
AVENUE FOCH
AVENUE KLÉBER
AVENUE D'IÉNA
AVENUE MARCEAU
AVENUE GEORGE V
AVENUE MONTAIGNE
AVENUE DE NEW YORK
AVENUE DU PRÉS. WILSON
QUAI BRANLY
QUAI D'ORSAY
QUAI ANATOLE FRANCE
COURS LA REINE
COURS ALBERT 1ER
RUE DE RIVOLI
RUE DU FAUBOURG SAINT-HONORÉ
BOULEVARD HAUSSMANN
BOULEVARD MALESHERBES
RUE DE GRENELLE
RUE DE L'UNIVERSITÉ
RUE SAINT-DOMINIQUE
RUE DE VARENNE
RUE DE BABYLONE
RUE DE SÈVRES
BOULEVARD DES INVALIDES
BOULEVARD SAINT-GERMAIN
BOULEVARD RASPAIL
AVENUE DE LA BOURDONNAIS
AVENUE BOSQUET
AVENUE DE SUFFREN
AVENUE DE TOURVILLE
AVENUE DE SÉGUR
AVENUE DE BRETEUIL
AVENUE DUQUESNE
AVENUE DE LOWENDAL
AVENUE ÉMILE ZOLA

BESCHREIBUNG ROUTE 5 (ca. 12,4 km)

Diese Route solltest du möglichst erst nach dem Mittag einplanen. Vorher sind einige der Museen noch geschlossen. Laufe von der Metro Iéna über die Avenue du Président Wilson zum Palais de Tokyo 1 2 und reserviere für den Abend in einem schicken Restaurant 3. Gehe über die Rue de la Mantention rechts zur Avenue New York. Biege vor dem Park rechts ab zum Place du Trocadéro, wo du einen schönen Blick auf den Eiffelturm hast. Spaziere durch den Park nach unten, über die Brücke, in Richtung Eiffelturm 4. Am Quai Branly besuchst du ein Museum mit Dachterrasse 5 6. Gehe an der Pont de l'Alma zum Ufer hinunter, wo früher Autos fuhren 7. Oder biege rechts in die Avenue Bosquet und die dritte Straße links in die Rue Saint-Dominique, wo du köstliches Gebäck findest 8. Biege rechts in die Rue Cler 9 ein zu einem gemütlichen Bistro 10. Laufe ein Stück zurück nach rechts in die Rue de Grenelle und nimm die erste Straße links. Zurück auf der Rue Saint-Dominique, biege nach links zu einem netten Café 11 ab oder gehe rechts weiter, um typische französische Läden 12 und eine Brasserie mit Charme 13 zu besuchen. Biege links ab auf den Boulevard de la Tour-Maubourg. Gehe bis zur Seine und biege rechts ab. Nimm die Treppe nach unten, um die schöne Brücke 14 zu bewundern oder abends auf einem Boot 15 zu tanzen. Laufe eine Treppe hinauf und spaziere über die Avenue du Marechal Gallieni zu Les Invalides 16. Biege vor dem Gebäude links ab und dann rechts in den Boulevard des Invalides. Nimm die erste Straße links. Nach dem Musée Rodin 17 biege rechts in die Rue Barbet de Jouy ein. Gehe diese Straße bis zur Rue de Babylone. Biege hier links ab, um zu Mittag zu essen oder einen Kaffee zu trinken 18. Gehe weiter zur Rue du Bac. Zu deiner Rechten findest du ein Luxuskaufhaus 19. Nimm links die Rue du Bac zu einem Beauty-Concept-Store 20. Überquere die Rue de Varenne und biege rechts in die Beaupassage ein 21. Nimm den Ausgang zur Rue de Grenelle und biege rechts ab. Überquere den Boulevard Raspail und biege in die Rue de Luynes ein zu einem schönen Café 22. Gehe die Straße hinunter, überquere sie und biege an der Kirche links ab. Jetzt rechts in die Rue du Bac und staune bei Deyrolle 23. Gehe weiter und links in die Rue de Lille für das Musée d'Orsay 24. Überquere die Seine über die Passerelle Léopold-Sédar-Senghor. Gehe durch den Jardin des Tuileries zum Place de la Concorde 25 26 27 und laufe zur Champs-Élysées. Biege kurz links ab 28 29 und kehre dann zur Champs-Élysées zurück 30 31. Beende den Tag mit Stil 32 33. Am Ende der Champs-Élysées siehst du den Arc de Triomphe 34.

SEHENSWÜRDIGKEITEN

① Die Präsentationen im experimentellen Ausstellungsraum des 21. Jahrhunderts, **Palais de Tokyo**, sind immer originell und grenzüberschreitend: mit Licht und Akustikeffekten sowie beweglichen Objekten. Die riesigen Räume bieten Platz für große Ausstellungsstücke. Auch der Museumsshop ist einen Besuch wert: Es gibt einzigartige Bücher und schöne Mitbringsel. Das Restaurant mit Terrasse bietet eine internationale Küche und es gibt noch den Nachtclub YOYO.
13, Avenue du Président Wilson, 16. Arr., palaisdetokyo.com,
Mo & Mi–So 12.00–24.00 Uhr, Eintritt 12 €, Metro 9 Iéna

② Das **Musée d'Art Moderne** und das Palais de Tokyo befinden sich unter einem Dach. Das Gebäude wurde zur Weltausstellung 1937 entworfen. Das Museum für moderne Kunst präsentiert Kunst des 20. und 21. Jahrhunderts, die sich im Besitz der Gemeinde Paris befindet. Darunter *La Fée Électricité*, ein großes Gemälde von Raoul Dufy, das interaktiv mit iPads entstand.
11, Avenue du Président Wilson, 16. Arr., mam.paris.fr, Di–Mi, Fr & So 10.00–18.00, Do 10.00–21.30, Sa 10.00–20.00 Uhr, ständige Sammlung Eintritt frei, Metro 9 Iéna

④ Der **Eiffelturm** wurde 1889 anlässlich der Weltausstellung in Paris erbaut. Der Entwurf von Gustave Eiffel erregte damals viel Widerstand, doch er ist mit seinen 342 Metern zum Wahrzeichen der Stadt geworden. Von der dritten Etage kann man 65 Kilometer weit blicken. Die Schlange vor dem Turm ist oft endlos: Früh oder spät zu kommen, kann sinnvoll sein. Der Eintritt hängt davon ab, wie hoch du hinaufwillst. Tipp: Kauf das Ticket im Voraus online.
Champs de Mars, 7. Arr., toureiffel.paris, tgl. 9.30–22.45 Uhr, Eintritt 11,30–28,30 €, Metro 6 Bir-Hakeim

⑤ Das 2006 eröffnete **Musée du Quai Branly** hat seinen Sitz in einem markanten Gebäude. Dieses Museum der *les arts lointains* (ferne Künste) präsentiert rund 3500 Kunstwerke, unter anderem aus Afrika und Ozeanien. Das Gebäude ist von einem schönen Park umgeben, an der Seine-Seite mit der *mur végétal* (begrünten Fassade).
37, Quai Branly, 7. Arr., quaibranly.fr, Di–Mi & Sa–So 10.30–19.00, Do. 10.30–22.00 Uhr, Eintritt 12 €, Metro 9 Iéna, Alma – Marceau

16

4

27

27

(14) Die wohl schönste Brücke in Paris, nicht zuletzt wegen der prächtigen goldenen Statuen. **Pont Alexandre III** wurde nach zwei Jahren Bauzeit zur Weltausstellung 1900 eröffnet.

Pont Alexandre III, 8. Arr., Metro 1, 13 Champs-Élysées – Clemenceau, 8, 13 Invalides

(16) 1670 ließ Ludwig XIV. **Les Invalides** erbauen, eine Unterkunft für Soldaten, die in einer seiner Schlachten verwundet worden waren. Hier fand Napoleon I. 1861 seine letzte Ruhestätte. Das Gebäude beherbergt auch das Musée de l'Armée, das sich der Armeegeschichte widmet. Kommt in Frankreich ein neuer Präsident an die Macht, feuern die Kanonen vor Les Invalides 21 Schüsse ab.

129, Rue de Grenelle, 7. Arr., musee-armee.fr, tgl. 10.00–18.00 Uhr, Eintritt 15 €, Eintritt Innenhof frei, Metro 8, 13 Invalides

(17) Das **Musée Rodin** hat seinen Sitz im ehemaligen Wohnhaus des Bildhauers. Neben Skulpturen und Studien präsentiert das Museum auch das Werk von Camille Claudel, Muse und Modell Rodins. Im Garten stehen bekannte Skulpturen, darunter *Le Penseur* (Der Denker). Das Museum und der herrliche Garten können unabhängig voneinander besucht werden.

77, Rue de Varenne, 7. Arr., musee-rodin.fr, Di–So 10.00–18.30 Uhr, Eintritt 13 €, Metro 13 Varennes

(24) Das **Musée d'Orsay** hat seinen Sitz in einem Bahnhof aus dem 19. Jahrhundert, der 1986 renoviert und zum Museum umgebaut wurde. In der beeindruckenden Halle hängt noch stets die Bahnhofsuhr. Auf breiten Balkons thronen Bildhauerarbeiten, in den Sälen werden impressionistische Gemälde ausgestellt. Das Museum hat neben einem Café auch zwei empfehlenswerte Restaurants (nur für Museumsbesucher geöffnet).

Esplanade Valéry Giscard d'Estaing, 7. Arr., musee-orsay.fr, Di–Mi 9.30–18.00, Do 9.30–21.45, Fr–So 9.30–18.00 Uhr, Eintritt 16 €, Metro 12 Solférino

(25) Das **Jeu de Paume** verdankt seinen Namen dem Sport (Vorläufer des Tennis), der hier gespielt wurde. Seit einigen Jahren befindet sich in diesem Gebäude aus 1861 ein Museum mit Ausstellungen zu moderner Fotografie.

1, Place de la Concorde, 8. Arr., jeudepaume.org, Di 11.00–21.00, Mi–Sa 11.00–19.00 Uhr, Eintritt 12 €, Metro 1, 8, 12 Concorde

(26) Das **Musée de l'Orangerie** war früher ein Gewächshaus für Orangen. Hauptattraktion ist Claude Monets *Les Nymphéas* (Die Wasserlilien), acht riesige Bilder, verteilt auf zwei ovale Räume. Außerdem ist die Sammlung von Walter & Guillaume mit Werken von Malern des 20. Jahrhunderts zu besichtigen.
Jardin Tuileries, 1. Arr., musee-orangerie.fr, Mo & Mi–So 9.00–18.00 Uhr, Eintritt 12,50 €, Metro 1, 8, 12 Concorde

(27) Der **Place de la Concorde**, der größte Pariser Platz, war während der Französischen Revolution Schauplatz blutiger Szenen, da hier die Guillotine stand. Danach erhielt der Platz seinen heutigen Namen: Platz der Eintracht. Im Zentrum befindet sich der über 3000 Jahre alte Obelisk von Luxor, den der ägyptische König 1831 dem französischen König Ludwig Philipp I. schenkte.
Place de la Concorde, 1. Arr., Metro 1, 8, 12 Concorde

(28) Im **Le Petit Palais** hat das Musée des Beaux-Arts de la Ville de Paris seinen Sitz. Hier kannst du unter anderem Werke von Ingres, Delacroix und Courbet besichtigen. Das Café im Innenhof ist eine geheime Oase.
Avenue Winston Churchill, 8. Arr., petitpalais.paris.fr, Di–So 10.00–18.00 Uhr, Eintritt frei, Metro 1, 13 Champs-Élysées – Clemenceau, 1, 8, 12 Concorde

(29) **Le Grand Palais** wurde gemeinsam mit Le Petit Palais und Pont Alexandre III für die Weltausstellung 1900 erbaut. Hier findest du wechselnde Ausstellungen (Galeries Nationales du Grand Palais) und ein Wissenschaftsmuseum (Palais de la Découverte). Im Winter kannst du eislaufen.
3, Avenue du Général Eisenhower, 8. Arr, grandpalais.fr, Öffnungszeiten und Preise siehe Website, Metro 1, 13 Champs-Élysées – Clemenceau, 1, 9 Franklin Roosevelt

(34) Napoleon erteilte 1806, ein Jahr nach dem Sieg in Austerlitz, den Auftrag zum Bau des **Arc de Triomphe**. Der Triumphbogen wurde erst 1836 vollendet. Die vier großen Reliefs im unteren Bereich der Pfeiler erinnern an die Siege von 1805. 1921 entstand unter den Bögen das Grab des Unbekannten Soldaten. Damit wurde dieser Ort zu einer Gedenkstätte des Ersten Weltkriegs. Von oben blickt man über die Champs-Élysées. Die Öffnungszeiten sind witterungsabhängig.
Place Charles de Gaulle, 8. Arr., paris-arc-de-triomphe.fr, tgl. 10.00–22.15 Uhr, Eintritt 13 €, Metro 1, 2, 6 Charles de Gaulle – Étoile

34
Ch. de Ga

15

15
Rosa Bonheur
SUR SEINE

ESSEN & TRINKEN

③ Nimm im Erdgeschoss oder auf der Terrasse Platz und genieße die herrliche Aussicht auf die Seine und den Eiffelturm. Die Einrichtung des **Monsieur Bleu** ist modern, chic und lässig: Es ist ein hipper Ort, mit DJs, die beim Dinner Musik auflegen. Empfehlung: Thunfischfilet orientalisch.

20, Avenue New York, 16. Arr., Tel. +33 147209047, monsieurbleu-restaurant.com, Mo–Fr 12.00–14.30 & 19.00–2.00, Sa–So 12.00–16.00 & 19.00–2.00 Uhr, Preis 38 €, Metro 9 Iéna

⑥ Auf dem Dach des Musée du Quai Branly liegt das Restaurant **Les Ombres**, bekannt für den umwerfend romantischen Blick auf den Eiffelturm. Dich erwarten Luxus, leckeres Essen und kleine Portionen!

27, Quai Branly, 7. Arr., Tel. +33 147536800, lesombres-restaurant.com, tgl. 12.00–14.00 & 19.00–22.00 Uhr, Menü ab 58 €, Metro 9 Alma – Marceau

⑩ Die fröhliche gelb-weiße Markise, üppig mit gelben Blütenzweigen geschmückt, wirkt sehr einladend. Im **L'Éclair** ist immer etwas los. Hier beginnt man den Morgen mit einem gemütlichen Frühstück oder einem stilvollen Brunch. Später bietet sich die Terrasse an der belebten Rue Cler für einen *apéro* an.

32, Rue Cler, 7. Arr., Tel. +33 893025171, l-eclair.paris, tgl. 8.00–1.00 Uhr, Cocktail 13 €, Metro 8 École Militaire

⑪ **Le Malabar** hat eine gemütliche Einrichtung mit dunklem Holz, Hirschgeweihen an der Wand und Trockenblumen an der Decke. Wenn man das Essen und den aufmerksamen Service hinzunimmt, versteht man, warum dieses Café bei den Einheimischen so beliebt ist. Die Speisekarte ist modern und französisch, und wenn du Lust auf einen Cocktail hast, bist du hier ebenfalls richtig.

88, Rue Saint Dominique, 7. Arr., Tel. +33 145513144, lemalabarparis.com, Mo–Fr 8.00–2.00, Sa–So 9.00–2.00 Uhr, Preis 24 €, Metro 8 La Tour-Maubourg

⑬ **Brasserie Thoumieux** ist seit den wilden Zwanzigern eines der beliebtesten Restaurants am linken Ufer von Paris. Der Charme der Art-déco-Epoche ist in der Inneneinrichtung erhalten geblieben, allerdings mit einem modernen Touch. Die Karte ist klassisch französisch: Hier isst man *escargots, confit de canard* und ein Caramel-Éclair. Köstlich! Sonntags wird auch Brunch serviert und jeden Donnerstag-, Freitag- und Samstagabend spielt jemand Klavier.

79, Rue Saint Dominique, 7. Arr., Tel. +33 144542460, brasseriethoumieux.fr, tgl. 12.00–14.30 & 19.00–23.00 Uhr, Preis 34 €, Metro 8 La Tour-Maubourg

(18) Für einen besonderen Kaffee, Lunch oder Brunch am Wochenende ist das hippe **Coutume Café** der Ort im Botschaftsviertel. Liebhaber kaufen hier exotische Kaffeesorten. Samstags und sonntags gibt es Klassik-, Detox-Veggie- oder Sumatra-Brunch.

47, Rue de Babylone, 7. Arr., Tel. +33 988404799, coutumecafe.com, Mo–Fr 8.30–17.30, Sa–So 9.00–18.00 Uhr, Mittagessen 16 €, Metro 13 Saint-François-Xavier

(22) Lust auf guten Kaffee? Dann ist das trendige Café **Noir** genau richtig. Der Kaffee, den die Baristas zubereiten, wird aus ethisch angebauten Arabica-Bohnen aus der eigenen Rösterei in Paris hergestellt. Für einen Kaffee zum Mitnehmen ist das Café ebenfalls eine gute Adresse.

9, Rue de Luynes, 7. Arr., noircoffeeshop.com, tgl. 8.00–18.00 Uhr, Espresso 2,80 €, Metro 12 Rue du Bac

(32) Das Restaurant **Le Drugstore** ist eine Toplocation für Geschäftsessen. Hier erlebt man schnellen, freundlichen Service und ausgezeichnetes Essen. Le Drugstore befindet sich im Gebäude von Publicis, einem der bekanntesten Unternehmen in Frankreich. Der Besitzer von Publicis ließ sich von New York inspirieren. Es gibt nicht nur ein Restaurant, sondern auch eine rund um die Uhr geöffnete Apotheke, eine Buchhandlung und einen Luxus-Supermarkt.

133, Avenue des Champs-Élysées, 8. Arr., restaurant-le-drugstore.com, Mo–Do & So 10.00–1.00, Fr–Sa 10.00–2.00 Uhr, Preis 30 €, Metro 1, 2, 6 Charles de Gaulle – Étoile

(33) Wer etwas zu feiern hat, geht ins **Le Chiberta**. Das stilvolle Restaurant von Guy Savoy hat einen Michelinstern. Hier kannst du gehobene klassisch-französische Küche genießen. Die Weinkarte ist ausgezeichnet und die Flaschen selbst sind wichtiger Bestandteil der Deko!

3, Rue Arsène Houssaye, 8. Arr., Tel. +33 153534200, lechiberta.com, Mo–Fr 12.00–14.30 & 19.30–23.00, Sa 19.30–23.30 Uhr, Tastingmenü 135 €, Metro 1, 2, 6 Charles de Gaulle – Étoile

TABOBINE
4 Flashs
2€
4 Photos

18

11

RUE
SAINT DOMINIQUE
11

23
DEYROLLE

20

12
ba&sh

23
DEYROLLE
DEYROLLE

SHOPPEN

(8) Wenn du im richtigen Moment ins **Aux Merveilleux de Fred** kommst, kannst du den Konditoren bei der Arbeit zusehen. Ihre Spezialität sind die *merveilleux*: luftige Törtchen aus Baiser, Sahne und Schokoraspeln. Der Gründer, Frédéric Vaucamps, hat das Rezept verfeinert und damit zunächst in Lille und später in Paris und auf der ganzen Welt große Erfolge erzielt. In allen Filialen hängt ein großer Kronleuchter, der für ein schickes, barockes Ambiente sorgt.
94, Rue Saint-Dominique, 7. Arr., auxmerveilleux.com, Di–So 7.30–20.00 Uhr, Metro 8 La Tour-Maubourg, 9 Alma – Marceau

(12) Die Rue Saint Dominique ist die beste Einkaufsstraße im 7. Arrondissement, und **Ba&sh** ist ein Geschäft, an dem du nicht vorbeigehen solltest. Die Designerinnen dieser Marke sind Barbara und Sharon, zwei stilvolle Pariserinnen und beste Freundinnen. Gemeinsam entwerfen sie romantische und feminine Kleidung von höchster Qualität, natürlich mit dem typisch französischen *Je-ne-sais-quoi*-Stil, betont zufällig, aber wohlüberlegt.
81, Rue Saint Dominique, 7. Arr., ba-sh.com, Mo 11.00–13.00 & 14.00–19.00, Di–Fr 10.00–13.00 & 14.00–19.00, Sa 10.00–19.00 Uhr, Metro 8 La Tour-Maubourg

(19) Das äußerst luxuriöse Kaufhaus **Le Bon Marché Rive Gauche** wird von den Parisern selbst rege besucht. Hier sind alle schicken, eleganten Topmarken vertreten. In der Woche kannst du in Ruhe herumschlendern. Ein zweites Kaufhaus von Le Bon Marché befindet sich in Nummer 38: La Grande Épicerie de Paris. Es steht ganz im Zeichen der Gastronomie. Ein absolutes Muss für alle, die Kochen und leckeres Essen mögen.
24, Rue de Sèvres, 7. Arr., lebonmarche.com, Mo–Sa 10.00–19.45, So. 11.00–19.45, Épicerie Mo–Sa 8.30–21.00, So 10.00–20.00 Uhr, Metro 10, 12 Sèvres – Babylone

(20) **Oh My Cream!** ist ein Beauty-Concept-Store. Hier werden Hautpflegeprodukte und Make-up verkauft, die alle frei von schädlichen Chemikalien oder mit biologischen Inhaltsstoffen sind. Entdecke neue Marken und informiere dich über die neuesten Schönheitstrends. Nicht nur die Pariserinnen sind Fans!
104, Rue du Bac, 7. Arr., ohmycream.com, Mo. 14.00–19.00, Di–Sa 10.30–19.30 Uhr, Metro 10, 12 Sèvres – Babylone

(23) Dieses Geschäft ist ein Erlebnis für sich. Knarrende Böden, alte Vitrinen voller Raritäten, Schmetterlingen und Muscheln, überall ausgestopfte Tiere – hier kann man sich nicht sattsehen! **Deyrolle** produziert seit über 100 Jahren Schulschaubilder, die man hier in großer Anzahl findet.
46, Rue du Bac, 7. Arr., deyrolle.com, Mo–Sa 10.00–19.00 Uhr, Metro 12 Rue du Bac

(31) Louis Ernest Ladurée eröffnete 1862 das **Ladurée**, eine schicke Bäckerei mit Teesalon. An der Einrichtung hat sich seither kaum etwas geändert. Die Auswahl an Köstlichkeiten ist unendlich. Probiere auf jeden Fall die berühmten Macarons, die Spezialität des Hauses. Du kannst im Restaurant auch sehr gut frühstücken.
75, Avenue des Champs-Élysées, 8. Arr., laduree.com, Laden tgl. 8.00–21.30, Restaurant 8.00–22.30 Uhr, Metro 1 Georges V

FREIZEITTIPPS

(7) Die Gemeinde Paris hat diese Straßen vom Autoverkehr befreit und für Freizeitaktivitäten geöffnet. Jetzt schlendern, spazieren, radeln, skaten und joggen die Pariser nach Herzenslust bei **Les Berges de la Seine**. Vor allem im Sommer werden jede Menge Aktivitäten organisiert, wie *Paris Plage*, Laufwettkämpfe oder ein Fanfarenzug. Ideal, um ein Stück an der Seine entlangzuschlendern.
Zwischen Pont l'Alma und Louvre an der Seine, Metro 9 Alma – Marceau, 8, 13 Invalides

(9) Die **Rue Cler** ist das Herz von Gros Caillou, dem kleinen Viertel zwischen Champs de Mars und Invalides. In dieser lebhaften Fußgängerzone bekommt man einen Einblick in das Leben wohlhabender Pariser. Die Bistros sind immer voll, und die täglichen Einkäufe werden in der Bäckerei, im Gemüseladen, in der Fromagerie oder bei einem der zahlreichen Gastro-Caterer erledigt.
Rue Cler, 7. Arr., Metro 8 La Tour-Maubourg, École Militaire

(15) Nach dem Erfolg von Rosa Bonheur im Parc des Buttes-Chaumont gibt es nun das **Rosa Bonheur sur Seine**. Auf diesem Boot aus Holz und Glas finden wöchentlich Tanzveranstaltungen statt, wie Le Bal des Sévillanes, wo spanisch

30
LOUIS VUITTON
DA VINCI
VAN GOGH
LV

30
156
8e ARR
AVENUE DES CHAMPS ÉLYSÉES
Cartier

7

30
LADURÉE
LADURÉE

getanzt wird, oder Abende nur für Frauen. Außerdem gibt es regelmäßig Konzerte und andere Aktivitäten. Du kannst hier Tapas oder eine Pizza aus dem Steinofen essen.

Quai d'Orsay, Port des Invalides, 7. Arr., rosabonheur.fr, Mo–Fr 17.00–1.30, Sa 12.00-1.30, So 12.00–0.30 Uhr, Eintritt frei, Metro 8, 13 Invalides

(21) Im Herzen des 7. Arrondissement liegt die **Beaupassage**. Dieser moderne Innenhof mit angrenzenden Gassen ist ganz der Gastronomie gewidmet: Spitzenköche haben hier Restaurants eröffnet, aber auch ein Weinkeller, eine Bäckerei, ein Käseladen, eine Konditorei und ein Café sind hier zu finden. Ein schöner grüner Ort zum Flanieren und Genießen, vor allem für Feinschmecker.

53, Rue de Grenelle, 7. Arr., Metro 12 Rue du Bac

(30) Die **Champs-Élysées**, *la plus belle avenue du monde* (die schönste Allee der Welt), ist inzwischen eine Straße, in der man endlos in Geschäften einkaufen kann, die es auch anderswo gibt. In den Seitenstraßen Avenue Montaigne und Avenue George V liegen die Flagship-Stores von Dior, Chanel und allen anderen großen französischen Modemarken. Die drei Straßen zusammen werden auch das Goldene Dreieck genannt.

Champs-Élysées, 8. Arr., Metro 1, 13 Champs-Élysées – Clemenceau, 1 George V, 1, 9 Franklin D. Roosevelt

ROUTE 6

BELLEVILLE, CANAL SAINT-MARTIN & MÉNILMONTANT

INFOS ZUR ROUTE

Die Tour führt durch Arbeiterviertel und vorbei an Künstlerplätzen. Bassin de la Villette und Canal Saint-Martin sind vor allem nachmittags belebt. Es gibt außer Père-Lachaise wenige Sehenswürdigkeiten. Dorthin kannst du eventuell auch direkt mit der Metro fahren.

DIE VIERTEL

Die Arbeiterviertel **Canal Saint-Martin**, **Belleville** und **Ménilmontant** liegen im 10., 19. und 20. Arrondissement am rechten Ufer. Rund um Canal Saint-Martin und **Bassin de la Villette** schießen immer mehr hippe Treffpunkte aus dem Boden. Vom Trödelladen bis zum Hotel, von schönen Restaurants bis zu kulturellen Hotspots. Einfach am Wasser entlangschlendern, Rad fahren, relaxen und picknicken ist aber auch fantastisch.

Der **Parc des Buttes-Chaumont** präsentiert sich mit eigenwilliger Landschaftsarchitektur. Vom höchsten Punkt blickt man hinüber zu Sacré-Cœur und dem Arbeiterviertel **Belleville**, in dem die Chansonsängerin Édith Piaf aufwuchs. In diesem Viertel spürt man noch das alte Paris.

Mitten in Belleville liegt der kleine **Parc de Belleville**. Die Aussicht und der Sonnenuntergang sind hier phänomenal. Der Aufstieg auf den Hügel in diesem Park ist besser als stundenlanges Anstehen am Eiffelturm. Auch den kannst du von hier aus bewundern! Rund um den Park liegen Straßen mit originellen Läden, etwa Pop-up-Stores, in denen junge Designer ihre Produkte anbieten. Dieses Viertel erwacht erst nach dem Mittag zum Leben.

Der Süden von Belleville hat über die Jahre einen multikulturellen Charakter bekommen. Auf den großen Boulevards wird das Straßenbild von chinesischen

Restaurants, Läden mit exotischen Lebensmitteln, Straßenhändlern und farbenfrohen Märkten bestimmt. Belleville geht hier nahtlos in **Ménilmontant** über. Anziehungspunkt im Viertel ist der berühmte Friedhof **Père-Lachaise**. Das Viertel wurde in den letzten Jahren „aufgehübscht", hat aber seinen Charakter behalten. Originelle Geschäfte wechseln sich mit Cafés und Bars ab, die vor allem bei Jüngeren beliebt sind. Insbesondere in der Rue d'Oberkampf ist die Atmosphäre sehr lebendig.

WENIG ZEIT? DAS SIND DIE HIGHLIGHTS:

CANAL SAINT-MARTIN + BASSIN DE LA VILLETTE + PARC DES BUTTES-CHAUMONT + PARC DE BELLEVILLE + CIMETIÈRE DU PÈRE-LACHAISE

TIPPS

// Wenn du schon öfter in Paris warst
// Am besten an einem Nachmittag am Wochenende
// Zum Radfahren ungeeignet

BELLEVILLE, CANAL SAINT-MARTIN & MÉNILMONTANT

1. La Rotonde Stalingrad
2. Bassin de la Villette
3. Bar Ourcq
4. Paname Brewing Company
5. Église Saint-Serge
6. Parc des Buttes-Chaumont
7. L'Embellie
8. Studio de l'Ermitage
9. La Bellevilloise
10. Cimetière du Père-Lachaise
11. Moncœur Belleville
12. Parc de Belleville
13. Ateliers d'Artistes de Belleville
14. Dame Jane
15. Le Baratin
16. Combat
17. Zoé Bouillon
18. Place Sainte-Marthe
19. Le Petit Cambodge
20. Canal Saint-Martin
21. Le Comptoir Général
22. Antoine & Lili
23. Café A
24. LDB
25. Early June
26. Artazart
27. Centre Commercial
28. Lavomatic
29. Place de la République
30. Le Chateaubriand
31. Made by Moi
32. Africouleur
33. Charbon Café
34. Musée Édith Piaf
35. Le Perchoir
36. Gossima Ping Pong Bar

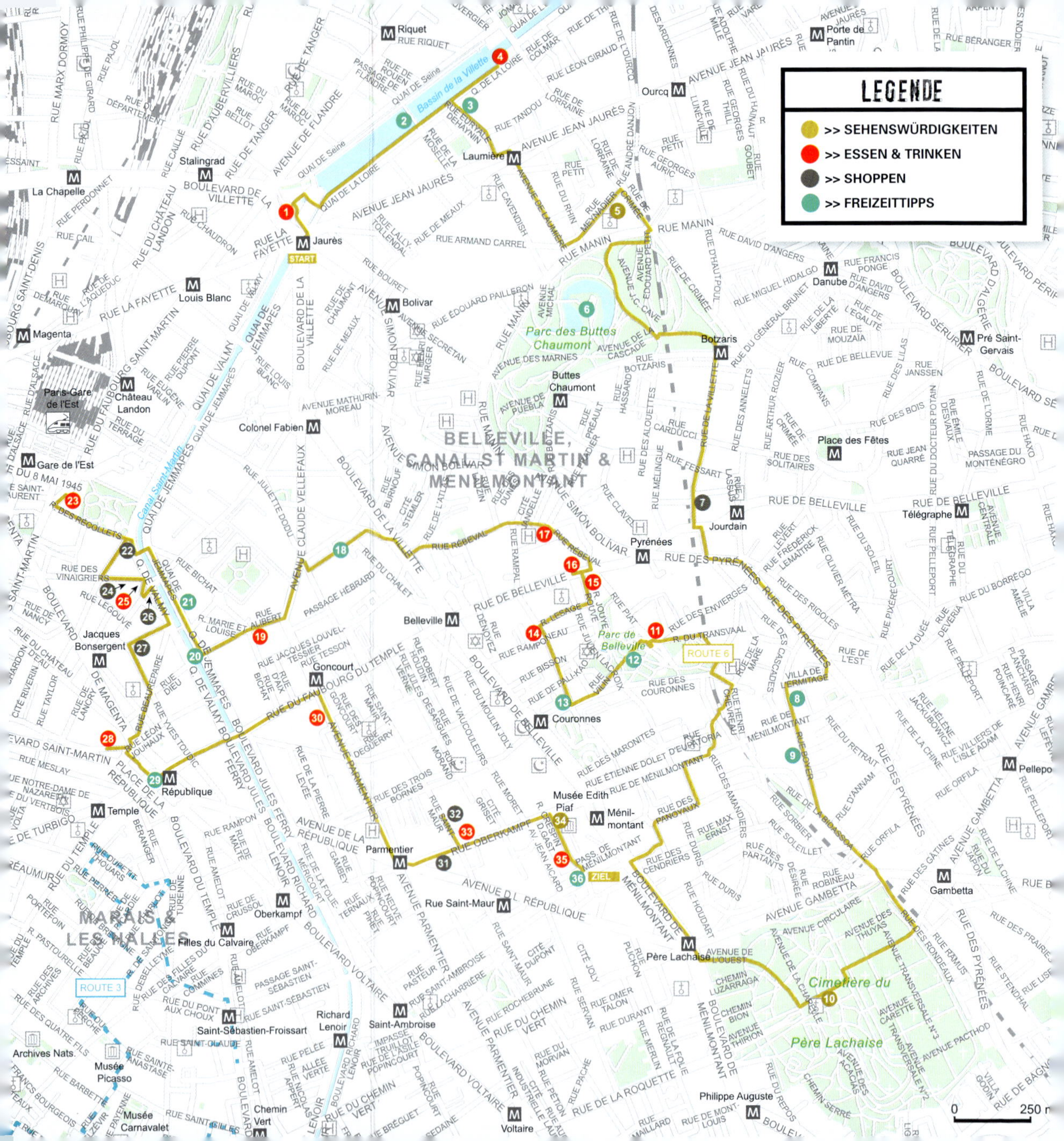
LEGENDE
>> SEHENSWÜRDIGKEITEN
>> ESSEN & TRINKEN
>> SHOPPEN
>> FREIZEITTIPPS
BELLEVILLE, CANAL ST MARTIN & MÉNILMONTANT
MARAIS & LES HALLES
Parc des Buttes Chaumont
Parc de Belleville
Cimetière du Père Lachaise
Bassin de la Villette
Canal Saint-Martin
START
ZIEL
ROUTE 6
ROUTE 3
Riquet
Porte de Pantin
Ourcq
Stalingrad
La Chapelle
Jaurès
Laumière
Louis Blanc
Bolivar
Magenta
Danube
Botzaris
Pré Saint-Gervais
Château Landon
Paris-Gare de l'Est
Buttes Chaumont
Colonel Fabien
Gare de l'Est
Place des Fêtes
Jourdain
Télégraphe
Pyrénées
Belleville
Jacques Bonsergent
Goncourt
Couronnes
République
Temple
Musée Edith Piaf
Ménilmontant
Parmentier
Pellepo
Rue Saint-Maur
Oberkampf
Gambetta
Filles du Calvaire
Père Lachaise
Saint-Sébastien-Froissart
Richard Lenoir
Saint-Ambroise
Archives Nats.
Musée Picasso
Musée Carnavalet
Chemin Vert
Voltaire
Philippe Auguste
0
250 m

BESCHREIBUNG ROUTE 6 (ca. 14,8 km)

Laufe von der Metro Jaurès zum runden Gebäude 1. Jetzt rechts, über die kleine Brücke und am Wasser entlang 2. Unterwegs kannst du Boule spielen 3. Laufe weiter und trinke ein Bier 4. Gehe zurück und links in die Rue Euryale Dehaynin. Überquere die Avenue de Laumière, gehe nach dem Rathaus links in die Rue Meynadier und dann rechts in die Rue de Crimée, rechts hinter dem grünen Tor befindet sich eine besondere kleine Kirche 5. Besuche den Park 6. Beim Ausgang an der Rue de la Villette kannst du shoppen 7. Am Ende der Straße links, sofort rechts und wieder links zur Rue des Pyrénées. An der Villa de l'Ermitage rechts 8. Möchtest du nicht Père-Lachaise besuchen? Dann rechts in die Rue de Ménilmontant und rechts in die Rue de la Mare. Ansonsten laufe geradeaus über Rue Boyer 9, Rue de la Bidassoa und Rue des Rondeux bis zum Friedhof 10. Nimm den Ausgang am Boulevard de Ménilmontant. Gehe rechts in die Passage Monplaisir, über Rue des Panoyaux und Rue Delaitre bis zur Kirche, rechts um sie herum zur Rue de la Mare. Biege links in die Rue Henri Chevreau ein, dann rechts und über die Passage Plantin zum Park 11 12 mit schöner Aussicht. Gehe hinunter über die Rue des Couronnes und besuche Künstler 13. Gehe über die Rue Francis Picabia, die in die Rue de Tourtille übergeht 14. Nimm rechts die Rue Lesage und links die Rue Jouye-Rouve für ein französisches Mittagessen 15. Am Ende liegt links eine Cocktailbar 16, oder biege rechts ab und gleich wieder links zur Rue Rébéval 17. Spaziere die Straße hinunter zum Boulevard de la Villette, überquere ihn und biege rechts ab. Jetzt links und sofort wieder links in die Rue Sainte-Marthe zu einem gemütlichen kleinen Platz 18. Gehe rechts, dann links in die Avenue Claude Vellefaux und rechts in die Rue Alibert 19 in Richtung Canal Saint-Martin 20. Gehe direkt rechts zum Quai de Jemappes 21 bis kurz vor die Kurve. Überquere die Brücke und biege rechts ab 22. Nun in der Rue des Récollets bis zum Restaurant 23. Ansonsten links in die Rue Lucien Sampaix. Gehe links in die Rue des Vinaigriers 24 und dann rechts in ein Weinlokal 25. Biege links ab und gleich wieder rechts in den Quai de Valmy 26. Zum Shoppen rechts in die Rue de Marseille 27. Gehe links in die Rue Yves Toudic und am Ende rechts in die Rue Beaurepaire. Besuche den Place de la République 28 29. Jetzt links in die Rue du Faubourg du Temple, rechts in die Avenue Parmentier 30. Biege links in die Rue Oberkampf ein zu Geschäften und Restaurants 31 32 33. Nimm rechts die Rue Crespin du Gast, besuche das Musée Édith Piaf 34, eine Dachterrasse 35 und ende in einem beliebten Café 36.

SEHENSWÜRDIGKEITEN

(5) In einem Hofgarten in der Rue de Crimée steht eine hübsche kleine Kirche mit bunten Holztreppen an der Fassade. Die **Église Saint-Serge** stammt von 1861 und war ursprünglich für die deutsche protestantische Gemeinde in Paris gedacht. Nach dem Ersten Weltkrieg wurde das Gebäude in eine russisch-orthodoxe Kirche umgewandelt, die dem Heiligen Sergius von Radonesch geweiht ist.
93, Rue de Crimée, 19. Arr., saint-serge.fr, Metro 5 Laumière

(10) Der **Cimetière du Père-Lachaise** ist der berühmteste und größte Friedhof von Paris. Hier fanden Oscar Wilde, Marcel Proust und Colette sowie Édith Piaf, Jim Morrison und Frédéric Chopin ihre letzte Ruhestätte. An den von Kastanien beschatteten Alleen findest du die unterschiedlichsten Grabstätten bekannter und unbekannter Namen. Kleine Paläste und Ruinen und Gräber mit Marmorsäulen, Engeln und Porzellanstatuen.
58, Rue des Rondeaux, Boulevard de Ménilmontant, Rue des Repos, 20. Arr., paris.fr/dossiers/bienvenue-au-cimetiere-du-pere-lachaise-47, 6. Nov.–15 März Mo–Fr 8.00–17.30, Sa. 8.30–17.30, So. 9.00–17.30 & 16. März–5. Nov. Mo–Fr 8.00–18.00, Sa. 8.30–18.00, So. 9.00–18.00 Uhr, Eintritt frei, Metro 2, 3 Père Lachaise

(34) Am 15. Dezember 1915 wurde Édith Piaf in Nummer 72 der Rue de Belleville geboren. Ihre Jugend verbrachte sie in den Straßen von Belleville und Ménilmontant. Das **Musée Édith Piaf** erzählt anhand von Souvenirs, Fotos, Briefen, Plakaten und Theaterkostümen von ihrem turbulenten Leben. Möchtest du das Museum besuchen? Dann vereinbare mindestens zwei Tage vorher einen Termin.
5, Rue Crespin du Gast, 11. Arr., parisinfo.com/musee-monument-paris/71402/musee-edith-piaf, Mo–Mi 13.00–18.00, Do 10.00–12.00 Uhr, Juni & Sep. geschlossen, Besuch nach Vereinbarung, Eintritt frei, Metro 2 Ménilmontant

ESSEN & TRINKEN

(1) **La Rotonde Stalingrad** wurde Ende des 18. Jahrhunderts als Zollamt erbaut und diente später als Kaserne und Lager. Seit 2009 ist es ein Veranstaltungsort, der für jeden etwas zu bieten hat: Restaurant, Brunch-Lokal, große

Terrasse und kleine Bar mit Musik an den Wochenenden. Manchmal werden auch Veranstaltungen wie ein Flohmarkt im obersten Stockwerk oder ein Modebrunch organisiert. Das auffällig runde Gebäude ist von der anderen Seite des Bassin de la Villette besonders schön anzusehen.

6–8, Place de la Bataille de Stalingrad, 19. Arr., Tel. +33 180483340, larotondestalingrad.com, Di–Sa 12.00–15.00 & 19.00–1.00, So 12.00–16.00 Uhr, Preis 16 €, Metro 2, 5, 7b Jaurès, 2, 5, 7 Stalingrad

④ Das beste hausgebraute Bier von Paris bekommst du bei **Paname Brewing Company** am Ende des Quai de la Loire. Auf der Terrasse am Wasser genießt du ein kaltes Bier mit Streetfood wie Pizza, Quesadillas oder Burger. Die Brauerei hat fünf hausgebraute Biere im Sortiment und experimentiert zudem mit Saisonbieren, sodass du jedes Mal etwas Neues probieren kannst.

41 bis, Quai de la Loire, 19. Arr., Tel. +33 140364355, panamebrewingcompany.com, tgl. 11.00–2.00 Uhr, Mittagessen 11 €, Metro 5 Laumière, 7 Riquet

(11) Für einen Drink kannst du dir keinen besseren Platz als **Moncœur Belleville** aussuchen. Von der Terrasse aus ist die Aussicht über die Dächer von Paris spektakulär und der Sonnenuntergang magisch. Aber auch drinnen lässt es sich aushalten. Hierher kommt man eher wegen eines Drinks und der Atmosphäre und nicht wegen des Essens, obwohl auch das nicht schlecht ist. Außerdem werden auch regelmäßig Ausstellungen, Musikabende, Lesungen und Diskussionen veranstaltet.
1, Rue des Envierges, 20. Arr., Tel. +33 143663854, moncoeurbelleville.com, tgl. 10.00–2.00 Uhr, Cocktail 8 €, Metro 11 Pyrénées

(14) **Dame Jane** ist ein kleines, intimes Restaurant in Belleville, in dem sowohl die Karte als auch der Chefkoch fast wöchentlich wechseln. Junge kulinarische Talente erhalten hier die Chance, sich zu beweisen, bevor sie ihr eigenes Restaurant eröffnen. Sie legen auch die Preise für die Gerichte fest, die meist zum Teilen gedacht sind. Dame Jane hat alle Zutaten für einen gelungenen Abend.
39, Rue Ramponeau, 20. Arr., Tel. +33 180064564, FB @damejane, Mo & So 19.30–23.00, Di–Sa 12.00-14.30 & 19.30–23.00 Uhr, Preis 18 €, Metro 2, 11 Belleville

(15) **Le Baratin** ist ein typisches Pariser Bistro mit guter Weinkarte. Raquel Caréla bereitet in ihrer kleinen Küche französische Gerichte zu. Bestelle ein Glas Sagesse de Gramenon zum Mittagessen oder lass dir einen Wein empfehlen. Eine sehr beliebte Adresse bei den Locals, also möglichst reservieren.
3, Rue Jouye-Rouve, 20. Arr., Tel. +33 143493970, Di 19.30–23.00, Mi–Sa 12.00–14.30 & 19.30–23.00 Uhr, Preis 26 €, Metro 11 Pyrénées, 2 Belleville

(16) Die Cocktailbar **Combat** wird von Frauen geführt. Sie bieten leckere Cocktails und die Kraft des Feminismus. Der Name der Bar bezieht sich auf das gleichnamige Viertel Belleville, in dem die Bar liegt. Zugleich ist er eine Anspielung auf den Kampf der Feministinnen, *le combat féministe*.
63, Rue de Belleville, 19. Arr., Tel. +33 9808470, FB @combatbelleville, Mo–Sa 18.00–2.00, So 18.00–24.00 Uhr, Cocktail 13 €, Metro 11 Pyrénées

(17) In Paris ist es schwer, ein gutes veganes oder glutenfreies Restaurant zu finden. Bei **Zoé Bouillon** erhältst du gesunde Gerichte, die schmackhaft und preiswert sind. Es gibt auch Fleisch- oder Fischgerichte und die Karte wechselt

täglich. Die Bestellung wird an der Theke auf einem Tablett serviert, was dem Restaurant eine kantinenartige und entspannte Atmosphäre verleiht.
66, Rue Rébéval, 19. Arr., Tel. +33 142020283, zoebouillon.fr, Mo–Fr 11.30–15.00 & 18.30–22.30, Sa. 12.00–15.30 Uhr, Menü ab 15,50 €, Metro 11 Pyrénées

(19) Lust auf französisch-kambodschanische Küche? **Le Petit Cambodge** bietet eine große Auswahl an Bobuns, Currys, Frühlingsrollen und mehr. Man sitzt an Holztischen und isst mit Stäbchen. Du kannst hier den ganzen Tag essen.
20, Rue Alibert, 10. Arr., Tel. +33 142458088, lepetitcambodge.fr, tgl. 12.00–23.00 Uhr, Preis 15 €, Metro 3, 5, 8, 9,11 République, 11 Goncourt

(23) **Café A** liegt in einem ehemaligen Kloster und ist ein echter Ruhepol im Herzen von Paris. In der alten Kapelle dieses Künstlercafés finden regelmäßig Ausstellungen, Veranstaltungen und Partys statt. Sehr zu empfehlen ist der Garten mit Terrasse, wo man sich bei einem Cocktail vom Trubel der Stadt erholen kann. Das tun auch viele Pariser, also komme am besten zeitig oder reserviere, um den Sommerabend dort zu verbringen.
148, Rue du Faubourg Saint-Martin, 10. Arr., Tel. +33 771611038, cafea.fr, Mo & So 10.00–17.00, Di–Sa 10.00–2.00 Uhr, Preis 20 €, Metro 4, 5, 7 Gare de l'Est

(25) Die Weinbar **Early June** ist eines dieser typischen Pariser Lokale, in denen man am liebsten den ganzen Abend verbringen möchte. Hier gibt es köstliche Weine, begleitet von kleinen Gerichten zum Teilen. Early June hat stets andere Köche aus aller Welt. Die Karte ist deshalb immer wieder überraschend.
19, Rue Jean Poulmarch, 10. Arr., Tel. + 33 142854074, early-june.fr, Mi–So 18.00–24.00 Uhr, Preis 20 €, Metro 5 Jacques Bonsergent

(28) **Lavomatic** sieht auf den ersten Blick wie ein normaler Waschsalon aus, hier kann man aber mehr als nur Wäsche waschen. Wenn du an einer der Maschinen eine Taste drückst, öffnet sich eine Geheimtür zu einer kleinen, intimen Cocktailbar. Hier findest du besondere Cocktails aus frischen Zutaten. Das Lavomatic befindet sich in der Nähe des turbulenten République; günstig, wenn du am Abend ausgehen möchtest.
30, Rue René Boulanger, 10. Arr., lavomatic.paris, Di–Mi 18.00–1.00, Do–Sa 18.00–2.00 Uhr, Cocktail 13 €, Metro 3, 5, 8, 9, 11 République

11

28

23

PET. NAT. ITALIE
CHAMPAGNE RUPPERT
ROUGES L'ROSE
2015 CHINON SEBILLE
2013 JURA P.CLAIRET
2013 SAVOIE G.BERLIOZ
2014 ITALIE CALABRE
2011 COTES DE DURAS . JOUGLA
2016 J.NICO - ROUSSILLON
2015 GEVREY - CHAMBERTIN RATEAU
2014 MORGON J.FOILLARD
2013 CHATEAU PAQUITA - MAJORQUE

15

19

(30) Das Restaurant **Le Chateaubriand** ist extrem beliebt. Und das nicht ohne Grund: Der talentierte junge Chefkoch Iñaki Aizpitarte präsentiert innovative Gerichte mit hohem Niveau in einem schönen, schlichten und stilvollen Ambiente. Du wählst nicht selbst, sondern lässt dich vom täglich wechselnden Menü überraschen. Unbedingt reservieren.

129, Avenue Parmentier, 11. Arr., Tel. +33 143574595, lechateaubriand.net, Mi–Fr 19.00–23.00, Sa 12.15–13.30 & 19.00–23.00 Uhr, Menü 65 € (mittags) oder 95 € (abends), Metro 11 Goncourt

(33) Früher war das **Charbon Café** ein Varietétheater, in dem der Sänger Maurice Chevalier debütierte. Das Café mit braunem Holz und Leuchten, die scheinbar schon Jahrhunderte hier hängen, ist am Wochenende voller junger Pariser. Abends trinkt man hier etwas, sieht Liveauftritte und schwingt das Tanzbein.

109, Rue Oberkampf, 11. Arr., Tel. +33 143575513, lecafecharbon.fr, tgl. 8.00–2.00 Uhr, Bier 5 €, Metro 3 Parmentier

(35) **Le Perchoir**, das ist das Pariser *Sex-and-the-City*-Gefühl. In dieser Rooftopbar kannst du mit einem Cocktail in der Hand die Aussicht genießen. Das Publikum ist international: Bewohner aus allen Ecken von Paris treffen sich hier. Von der Straße ist sie nicht leicht zu erkennen: Dort, wo der Türsteher steht, gelangst du zum Lift, der dich sieben Etagen zur Bar auf dem Dach bringt. An der Bar kannst du Snacks zum Drink bestellen. Das Restaurant (Reservieren obligatorisch) liegt eine Etage tiefer.

14, Rue Crespin du Gast, 11. Arr., Tel. +33 189711462, leperchoir.fr, Do–Sa 18.00–2.00 Uhr, Drink 13 €, Metro 2 Ménilmontant, 3 Rue Saint-Maur

SHOPPEN

(7) Wer nach ungewöhnlichem Design sucht, muss zu **L'Embellie**. Töpferwaren, Leuchten, Nützliches fürs Büro, Tassen; das sind nur einige Beispiele aus der Gesamtkollektion. In dieser Straße gibt es viele Pop-up-Stores, Läden, die lokales Design anbieten. Lass dir das nicht entgehen!

14, Rue de la Villette, 19. Arr., lembellie-design.fr, Di–Mi & Fr 11.00–14.00 & 16.00–20.00, Do 11.00–14.00 & 16.00–19.00, Sa. 10.00–19.30 Uhr, Metro 11 Jourdain

(22) **Antoine & Lili** sind drei knallbunte Geschäfte am Canal Saint-Martin: ein Laden mit Objekten aus aller Welt, einer mit Damenkleidung und einer mit Kinderkleidung. Alle drei sind farbenfrohe, multikulturelle Paradiese mit Kleidung und Kitsch im Stil von hindustanisch bis mexikanisch. Neben der eigenen Kollektion gibt es alle Lieblingsmarken von Antoine und Lili.
95, Quai de Valmy, 10. Arr., antoineetlili.com, Mo & So 11.00–19.30, Di–Sa 10.30–19.30 Uhr, Metro 3, 5, 7 Gare de l'Est

(24) Die französische Marke **LDB** stellt stilvolle und hochwertige Basics her. Sie ist nachhaltig und verwendet nur schöne Stoffe, die ein Leben lang halten, wie Kaschmir und Bio-Baumwolle. So bist du nicht nur stilvoll gekleidet, sondern hilfst auch dem Planeten. Hier, im 10. Arrondissement, findest du ihren Outlet-Store, aber sie haben mehrere Läden in Paris, die ebenfalls empfehlenswert sind.
29, Rue des Vinaigriers, 10. Arr., ldbparis.com, Mo–Fr 11.00–14.00 & 15.00–19.00, Sa–So 11.00–19.00 Uhr, Metro 5 Jacques Bonsergent

(26) Die rote Fassade der Buchhandlung **Artazart** ist nicht zu übersehen. Das Artazart ist einer der bekanntesten Buchläden der Stadt und bekannt für seine Auswahl an Design, Mode, signierten und seltenen Büchern. Du kannst auch schöne Drucke kaufen, gelegentlich wird eine Ausstellung organisiert. Schön zum Stöbern!
83, Quai de Valmy, 10. Arr., artazart.com, Mo–Sa 10.30–19.30, So 11.00–19.30 Uhr, Metro 5 Jacques Bonsergent

(27) Das **Centre Commercial** in der Rue de Marseille ist der perfekte Laden, wenn du besondere französische Marken wie Adieu oder Études suchst. Hier findest du Bekleidung und Accessoires aufstrebender Designer. Alle Marken, die hier verkauft werden, konzentrieren sich auf Qualität sowie auf eine sozial und ökologisch nachhaltige Produktion. Der perfekte Laden für einen nachhaltigen, schönen Einkauf.
2, Rue de Marseille, 10. Arr., centrecommercial.cc, Mo–Sa 11.00–20.00, So. 14.00–19.00 Uhr, Metro 3, 5, 8, 9, 11 République, 5 Jacques Bonsergent

22
SOLDES

26
Darius Khondji

22

(31) Der Concept-Store **Made by Moi** verkauft, wie der Name schon sagt, Handgemachtes wie ausgefallene Vasen und Teppiche oder auffällige Services – hier findet man immer etwas Besonderes. Made by Moi bietet zudem eine eklektische Auswahl an Taschen, Schmuck und Bekleidung.

86, Rue Oberkampf, 11. Arr., madebymoi.fr, Di–Fr 10.00–14.00 & 15.00–19.30, Sa 11.30–19.30 Uhr, Metro 3 Parmentier

(32) Nach ihrer Reise nach Togo war Stylistin Férouz Allali von der westafrikanischen Kultur so fasziniert, dass sie eine Bekleidungslinie gründete. In ihrem Geschäft **Africouleur** geht es bunt zu. Kleider, Röcke, Schuhe, Schals, Hüte, Kinderkleidung und Wäsche aus traditionellen togolesischen Stoffen mit modernem westlichem Touch. Alles ist handgefertigt und daher einzigartig.

108, Rue Saint-Maur, 11. Arr., africouleur.com, Di–Sa 10.30–20.30 Uhr, Metro 3 Rue Saint-Maur, Parmentier

FREIZEITTIPPS

(2) Am Ende eines schönen Tages kannst du am **Bassin de la Villette** herrlich am Wasser entlangschlendern, sitzen oder Boule spielen. Viele Cliquen treffen sich hier zum Picknick oder Drink. An beiden Seiten des Wassers kommst du sogar zum Kino. Kaufe dein Ticket an dem Ufer, an dem dein Film nicht gezeigt wird, und lass dich mit dem Boot übersetzen.

Quai de la Loire, 19. Arr., Eintritt frei, Metro 2, 5, 7b Jaurès, 2, 5, 7 Stalingrad

(3) In der alternativen **Bar Ourcq** kannst du Liegestühle und Boules-Kugeln leihen und die an der Theke bestellten Getränke mit ans Wasser nehmen. Bei kleinen Häppchen (Würstchen im Teigmantel oder selbst gebackenem Kuchen) und Musik vom DJ kannst du hier den ganzen Abend verweilen.

68, Quai de la Loire, 19. Arr., Insta @barourcq, tgl. 9.00–2.00 Uhr, Bier 4 €, Metro 2, 5, 7b Jaurès, 5 Laumière

(6) Die Buttes-Chaumont bestanden früher aus Sumpf und Kalkböden. 1864 erteilte Napoleon III. dem Stadtarchitekten Haussmann den Auftrag, dieses Niemandsland zu verwandeln. 1867 wurde der **Parc des Buttes-Chaumont** eröffnet, ein pittoresker Landschaftsgarten mit Bäumen, Sträuchern, Treppen, Höhlen und einem großen See. Im See thront auf einem Felsen eine Replik des Temple de Sybille, dessen Original im italienischen Tivoli steht. Klettere hoch zum Tempel, dann wirst du mit einer tollen Aussicht auf Sacré-Cœur belohnt.

Rue Manin, Rue Botzaris, Avenue Simon-Bolivar, 19. Arr., paris.fr/equipements/parc-des-buttes-chaumont-1757, Öffnungszeiten siehe Website, Eintritt frei, Metro 7b Buttes-Chaumont, Botzaris

(8) Unten an der schönen Straße Villa de l'Ermitage liegt das **Studio de l'Ermitage**: ein Konzert-, Film- und Theatersaal. Das Programm findest du auf der Website. Die kleine Straße Villa l'Ermitage bietet ländlichen Charakter mitten in Paris. Hier kann man entlangschlendern, um die Graffitikunst zu bewundern oder Fotos von den typischen Häuschen mit bunten Fensterläden zu machen. Vielleicht triffst du einen Künstler bei der Arbeit.

8, Rue de l'Ermitage, 20. Arr., studio-ermitage.com, Programm und Preise siehe Website, Metro 2 Ménilmontant, 11 Jourdain, 3 Gambetta

20

12

6

(9) Der sonntägliche Jazz-Brunch beim **La Bellevilloise** ist immer gut besucht. Unter den Olivenbäumen in der Halle aux Oliviers genießt du ein Büfett mit französischen Süßigkeiten und herzhaften Häppchen. Schau dir das Programm an, um zu entdecken, was in diesem Kulturzentrum geboten wird: Ausstellungen, Tanz, Konzerte, Disco … alles ist möglich. Das Publikum im La Bellevilloise ist hip und alternativ. Auch La Maroquinerie (23, Rue Boyer) ist ein Kulturzentrum mit Restaurant, in dem du einen tollen Abend verbringen kannst.
19–21, Rue Boyer, 19. Arr., labellevilloise.com, Do 18.30–1.00, Fr–Sa 18.30–5.30, So. 11.30–16.00 Uhr, Jazzbrunch 32 €, Metro 2 Ménilmontant, 11 Jourdain, 3 Gambetta

(12) Der **Parc de Belleville** ist der höchstgelegene Park von Paris. Auch wenn er klein ist, kann man einen Besuch nur empfehlen. Schon wegen der phänomenalen Aussicht über die Stadt. Hier schlenderst du über schöne Wege und Treppen an Brunnen entlang, die früher für die Wasserversorgung der Stadt sorgten, und sogar an Wasserfällen, die in die tiefer gelegenen Teiche stürzen.
Rue Piat, Rue des Couronnes, Rue Julien-Lacroix, 20. Arr., paris.fr/equipements/parc-debelleville-1777, tgl. geöffnet, genaue Zeiten siehe Website, Eintritt frei, Metro 11 Pyrénées, 2 Couronnes

(13) **Ateliers d'Artistes de Belleville** ist eine Organisation, die den künstlerischen Charakter von Belleville bewahren und die lokalen Künstler durch internationalen Austausch, Ausstellungen und Kurse fördern will. Mehr als 250 Künstler und 20 Kollektive aus unterschiedlichen Bereichen sind der Organisation angeschlossen. Die Ausstellungen, etwa zum Thema Fotografie, sind oft sehr sehenswert. Das Programm findest du auf der Website.
1, Rue Francis-Picabia, 20. Arr., ateliers-artistes-belleville.fr, Öffnungszeiten und Preise siehe Website, Metro 2 Couronnes

(18) Der **Place Sainte-Marthe** ist eine sorgsam gehütete Perle von Paris. Genieße hier in einem der beiden Bistros die Ruhe. Auf dem Platz sind häufig Musiker, manchmal sogar kleine Theatervorstellungen. Laufe weiter zur angrenzenden Rue Sainte-Marthe, um die bunten Fassaden zu bewundern.
Place Sainte-Marthe, 10. Arr., Metro 2 Colonel Fabien, Belleville

⑳ Der **Canal Saint-Martin**, angelegt zwischen 1821 und 1825, ist gut vier Kilometer lang. Ein Schleusensystem reguliert den Wasserstand, da der Höhenunterschied über 25 Meter beträgt. Die schönen gusseisernen Brücken dienten oft als Filmkulisse. So wirft die Hauptperson aus *Die fabelhafte Welt der Amelie* hier Steinchen ins Wasser. Die Umgebung des Kanals ist sehr angesagt und es wohnen hier viele Künstler. Daher gibt es auch viele hübsche Cafés und schöne Kleiderläden.

Le Canal Saint-Martin, 10. Arr., Metro 3, 5, 8, 9, 11 République, 11 Goncourt

㉑ **Le Comptoir Général** lässt sich nur schwer in eine Schublade stecken. Es ist ein alternativer Hub, wie es ihn in Berlin oder Barcelona, selten jedoch in Paris gibt. Dieses Kulturzentrum in einem alten, 600 Quadratmeter großen Stall ist im französisch-afrikanischen Kolonialstil eingerichtet. Der Shabby-Chique-Stil sorgt für eine geheimnisvolle Atmosphäre mit verborgenen Winkeln. Ein toller Ort für Cocktails, kulturelle Lesungen oder Filme.

80, Quai de Jemmapes, 10. Arr., lecomptoirgeneral.com, Di–Mi 18.00–1.00, Do–Fr 18.00–2.00, Sa 11.00–2.00, So. 11.00–1.00 Uhr, Cocktail 14 €, Metro 3, 5, 8, 9, 11 République, 11 Goncourt

㉙ Der **Place de la République** ist einer der lebhaftesten Plätze von Paris, der zwischen dem angesagten Canal Saint-Martin und Le Marais liegt und ein Ort des Kommens und Gehens ist. In der Mitte des Platzes steht die berühmte Statue der Marianne, der Verkörperung der Republik Frankreich. Der Platz ist regelmäßig Schauplatz von Aktivitäten und Protesten. Hier ist immer etwas los.

Place de la République, 3. Arr., Metro 3, 5, 8, 9, 11 République

㊱ Die **Gossima Ping Pong Bar** ist die erste Pingpong-Bar von Paris. Hier kannst du etwas trinken und Tischtennis spielen. Schon bei der Eröffnung 2014 war sie ein echter Hotspot. In einem riesigen Raum mit mehreren Tischtennisplatten kannst du mit Freunden eine Runde spielen. Mal etwas anderes als ein Billardcafé! Freitags wird manchmal ein Pingpong-Soul-Discoabend veranstaltet. Das Publikum besteht aus Zwanzig- und Dreißigjährigen.

4, Rue Victor Gelez, 11. Arr., gossima.fr, Mo 16.00–24.00, Di–Sa 16.00–2.00 Uhr, Eintritt frei, Miete Tischtennisplatte 6 €, Metro 2 Ménilmontant, 3 Rue Saint-Maur

12

WAS ES SONST NOCH GIBT

Wenn du den Strecken aus diesem Guide folgst, kommst du automatisch an den Highlights der Stadt vorbei. Aber natürlich gibt es auch neben diesen Touren noch viele Orte und Sehenswürdigkeiten, die einen Besuch lohnen. Sie werden hier kurz vorgestellt. Achtung, einige sind vom Zentrum schwer zu Fuß erreichbar, aber mit den öffentlichen Verkehrsmitteln kommst du gut dorthin.

Ⓐ Die mit farbenfroher Kunst geschmückte Fassade von **59 Rivoli** zieht sofort die Aufmerksamkeit auf sich. Auch das Innere dieses vormals besetzten Hauses hat viel zu bieten. Neben wechselnden Ausstellungen kannst du die Ateliers von über 30 Künstlern besichtigen, die in regelmäßigen Abständen wechseln. Schlendere durch sechs Etagen und bewundere die Kunstwerke. Überall gibt es etwas zu sehen, sogar das Treppenhaus ist dekoriert.
59, Rue de Rivoli, 1. Arr., 59rivoli.org, Di–So 13.00–20.00 Uhr, Eintritt frei, Metro 1, 4, 7, 11, 14 Châtelet

Ⓑ Im Kulturzentrum **Centquatre** ist immer etwas los. Entdecke zeitgenössische Künstler und besuche eine Ausstellung oder eine Tanzaufführung. Ein großer Spaß ist der monatliche „Bal Pop", eine kostenlose Tanzparty für alle Altersgruppen. Es gibt auch Läden, ein Restaurant und ein Café.
5, Rue Curial, 19. Arr., 104.fr, Di–Fr 12.00–19.00, Sa–So 11.00–19.00 Uhr, Programm und Preise siehe Website, Metro 7 Riquet

Ⓒ In Buttes aux Cailles, einem dörflichen Viertel im 13. Arrondissement, unternimmst du eine Tour durch **Feminist Street Art**. Du erfährst etwas über die linke Geschichte des Viertels und darüber, wie Frauen in Paris mit Kunst für Gleichberechtigung kämpfen. Buche über die Website, dann erhältst du die Adresse.
Buttes aux Cailles, 13. Arr., feministsinthecity.com, Zeiten siehe Website, Preis 25 €, Metro 6 Corvisart

Ⓓ Mitten im Bois de Boulogne liegt das 2015 eröffnete Museum **Fondation Louis Vuitton**. Schon der Anblick des futuristischen Gebäudes, entworfen von Frank Gehry, ist einen Besuch wert. Gezeigt werden eine ständige Sammlung

G

und wechselnde Ausstellungen moderner und zeitgenössischer Kunst. Im Restaurant Le Frank kannst du mittags essen, am Mittwoch und Donnerstag auch abends (Reservieren obligatorisch).

8, Avenue du Mahatma Gandhi, 16. Arr., fondationlouisvuitton.fr, Mo & Mi–Fr 12.00–19.00, Sa 11.00–19.00, So 11.00–16.00 Uhr, Eintritt 16 €, Metro 1 Les Sablons (+ 15 Min. Fußweg) oder Pendelbus ab Place Charles de Gaulle

Ⓔ In der Nähe des Gare de Lyon liegt das industrielle Vergnügungsviertel **Ground Control**, das früher eine Postsortierhalle der französischen Eisenbahn war. Heute gibt es hier Foodtrucks, Bars, Läden und Ausstellungen und draußen schöne Stände und Sitzgelegenheiten. Komme zum *apéro* oder zum Imbiss oder wage einen Tanz im Flugzeug.

81, Rue du Charolais, 12. Arr., groundcontrolparis.com, Mi 12.00–24.00, Do 19.00–24.00, Fr–Sa 12.00–1.00, So 12.00–22.30 Uhr, verschiedene Preise, Metro 1, 8 Reuilly – Diderot

Ⓕ **La Cinémathèque Française** befindet sich im ehemaligen Centre Culturel Américain, ein Entwurf des Architekten Frank Gehry. Das Archiv umfasst gut 40 000 Filme und eine große Sammlung Dokumente, Manuskripte und Plakate. Geboten werden neben der ständigen Ausstellung zur Filmgeschichte Präsentationen mit einzigartigen Filmvorführungen und Lesungen.
51, Rue de Bercy, 12. Arr., cinematheque.fr, Mo & Mi–Fr 12.00–19.00, Sa–So 11.00–19.00 Uhr, Eintritt Museum 10 €, Film 7 €, Metro 6, 14 Bercy

Ⓖ Im 18. Arrondissement beschloss man 2014, den alten Bahnhof der Linie La Petite Ceinture im Norden von Paris zu sanieren. Jetzt kannst du bei **La Recycclerie** brunchen (am Wochenende), zu Mittag und zu Abend essen oder etwas trinken. Ein herrlicher Ort für einen schönen Sommerabend an langen Tischen an einem alten Bahngleis mit bunter Beleuchtung. Regelmäßig werden Flohmärkte und Workshops veranstaltet. Du kannst den Besuch mit dem nahe gelegenen Flohmarkt **Marché aux Puces de Saint-Ouen** verbinden.
83, Boulevard Ornano, 18. Arr., larecyclerie.com, Öffnungszeiten siehe Website, Mittagessen 14,90 €, Metro 4 Porte de Clignancourt

Ⓗ Das Kulturzentrum **Le Hasard Ludique** befindet sich in einem ehemaligen Bahnhof der Linie La Petite Ceinture und ist ein cooler Ort für einen Kaffee oder ein Bier drinnen oder auf der Terrasse. Die Außenmauern sind mit Graffiti gestaltet. Entlang der Bahnlinie kann man auch eine Partie Pétanque spielen.
128, Avenue de Saint-Ouen, 18. Arr., lehasardludique.paris, Mo 17.00–24.00, Di–Do 12.00–24.00, Fr–Sa 12.00–2.00, So 12.00–21.00 Uhr, Sonntagsbrunch 29 €, Metro 13 Porte de Saint-Ouen

Ⓘ Über **Le Viaduc des Arts** führte von 1859 bis 1969 eine Bahnlinie. 1996 wurde es zur *promenade plantée*, einem 4,5 Kilometer langen Park. Nimm die Treppe am Anfang der Straße und spaziere an den 64 Gewölben aus rotem Backstein entlang. Im Inneren findest du Ateliers und Läden.
Avenue Daumesnil, 12. Arr., leviaducdesarts.com, Mo–Sa 9.00–18.00 Uhr, Eintritt frei, Metro 1, 5, 8 Bastille

Ⓙ Wage dich trotz der Schlange in **Les Catacombes**. Steige 91 Stufen hinab in ein unterirdisches Totenreich und besichtige die Knochen von alten Friedhöfen.

Über die Pariser Unterwelt sind viele Mythen im Umlauf und die Geschichte geht zurück bis ins 18. Jahrhundert.
1, Avenue du Colonel Henri Rol-Tanguy, 14. Arr., catacombes.paris.fr, Di–So 9.45–20.30 Uhr, Eintritt 29 €, Metro 4, 6 Denfert-Rochereau

Ⓚ Bei **Les Petits Crus** wird die Weinprobe immer mit Käse kombiniert, und zwar auf witzige Weise: Die Weine werden in Reagenzröhrchen serviert und der Käse auf einer Kreidetafel. Du kannst hier auch ein Escape-Game machen, eine Mischung aus Verkostung und Escape-Room mit einer Flasche Wein als Belohnung. Französischer geht's nicht!
13, Rue Saint-Sabin, 11. Arr., lespetitscrus.com, Mo–Sa 18.00–24.00 Uhr, Weinprobe ab 23 €, Metro 1, 5, 8 Bastille

Ⓛ Auf den *marchés aux puces* (Flohmärkten) gibt es gute Ware, aber rechne nicht mit Schnäppchen. Der größte Antiquitäten- und Flohmarkt von Paris ist der **Marché aux Puces de Saint-Ouen**: ein „Dorf" mit Antiquitätenläden. Er war schon oft Filmkulisse, etwa in *Midnight in Paris*. Hier findest du schöne Cafés.
Avenue de la Porte de Clignancourt, 18. Arr., pucesdeparissaintouen.com, Mo 11.00–17.00, Sa–So 10.00–18.00 Uhr, Metro 4 Porte de Clignancourt

Ⓜ An der Metrostation Passy liegt direkt um die Ecke das **Musée du Vin** – und zwar passenderweise in alten Weinkellern. Besuche die interessante und schöne Ausstellung über Weinherstellung, traditionelle Techniken und alle dazugehörigen Objekte. Sie ist nicht groß – plane eine Dreiviertelstunde ein. Wenn du mehr Zeit hast, reserviere vorab eine Weinverkostung oder genieße ein Mittagessen im Restaurant. Zu jedem Gang wird der passende Wein serviert.
5, Square Charles Dickens, 16. Arr., museeduvinparis.com, Museum Di–Sa 10.00–18.00 Uhr, Restaurant Di–Sa 12.00–15.00 Uhr, Eintritt Museum 15 €, Metro 6 Passy

Ⓝ **Paris by Bike** hat gut gelaunte Guides, die dich auf sicheren Wegen mit dem Fahrrad umherführen. Auf der Highlight-Tour oder der Kinderfahrt erfährst du viel über die Geschichte von Paris. Wenn du schon öfter in Paris warst, buche die Off-Road-Tour, die durch weniger bekannte Viertel und Straßen führt.
4, Rue du Bourg l'Abbé, 3. Arr., parisbybike.eu, Angebote und Zeiten siehe Website, Preis 37 €, Metro 3, 4 Réaumur – Sébastopol

DOURONE

English

REGISTER

SHOPPEN

HAST DU NOCH TIPPS?

Wir haben diesen Reiseführer mit größtmöglicher Sorgfalt zusammengestellt und sind bemüht, die Routen und Adressen auf dem aktuellen Stand zu halten. Wenn du trotzdem eine Adresse nicht findest oder andere Anmerkungen oder Tipps zu diesem Reiseführer hast, dann lass es uns wissen. Schreib uns eine Mail an lektorat@verlagshaus.de.

Keine der Adressen, die wir beschreiben, hat für die Ewähnung bezahlt, weder für Text noch für Fotos. Sämtliche Texte wurden von einer unabhängigen Redaktion verfasst.

IN GLEICHER REIHE

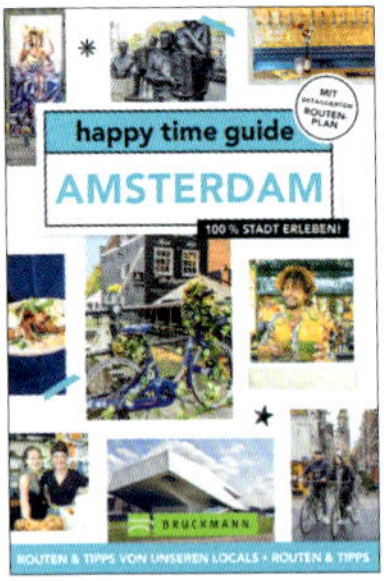

ISBN 978-3-7343-3061-2

ISBN 978-3-7343-1879-5

ISBN 978-3-7343-1996-9

ISBN 978-3-7343-2590-8

ISBN 978-3-7343-1878-8

ISBN 978-3-7343-1998-3

Happy time guide – mehr als ein Reiseführer!

Der happy time guide nimmt dich mit auf unterschiedliche Spaziergänge, auf denen du die Stadt in deinem eigenen Tempo entdeckst und den Lebensstil der Locals kennenlernst. Und das alles, ohne dich vorbereiten zu müssen! Alle Adressen sind persönliche Empfehlungen der Autoren, die in der Stadt leben. Mit inspirierenden Bildern und praktischen Ausklappkarten.

ISBN 978-3-7343-2579-3

BRUCKMANN

www.bruckmann.de

ERSCHIENEN

N 978-3-7343-2583-0

ISBN 978-3-7343-2581-6

ISBN 978-3-7343-2576-2

N 978-3-7343-2582-3

ISBN 978-3-7343-2580-9

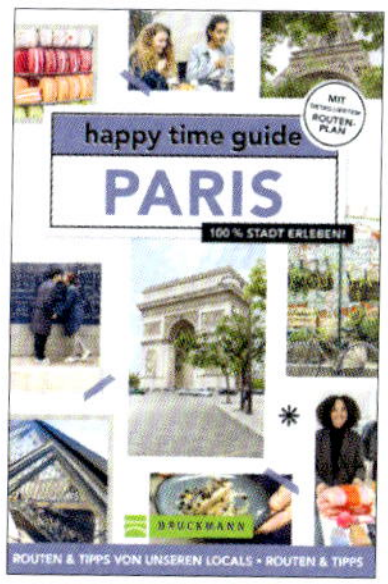

ISBN 978-3-7343-3083-4

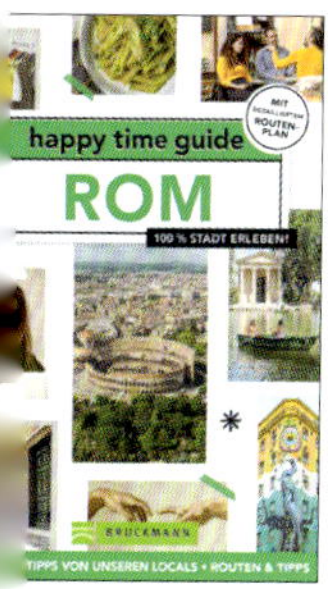

978-3-7343-2578-6

ISBN 978-3-7343-1999-0

ISBN 978-3-7343-2577-9

IMPRESSUM

This edition is published by Bruckmann Verlag GmbH
in cooperation with »time to momo«.
Autorin: Gaby Dingena
Fotos: Dani van Oeffelen, Vincent van den Hoogen, Marjon Hoogervorst, Duncan de Fey
Redaktion: Erik Draaijer
Layout: Studio 100%, Orange Formgevers
Kartografie: Van Oort redactie en kartografie
Repro: Marcel Beijnsberger

DEUTSCHE AUSGABE
2., komplett überarbeitete Auflage 2024
© 2024 Bruckmann Verlag GmbH,
Infanteriestraße 11a, 80797 München

Verantwortlich: Claudia Hohdorf
Übersetzung: Birgit van der Avoort
(Neuauflage), Elke Adams
Redaktion: Susanne Maute
Korrektorat: Simona Fois
Satz: mcp concept GmbH
Repro: LUDWIG:media
Herstellung: Alexander Knoll
Printed in Türkiye by Elma Basim

ISBN 978-3-7343-3083-4

★★★★★
Sind Sie mit diesem Titel zufrieden? Dann würden wir uns über Ihre Weiterempfehlung freuen. Erzählen Sie es im Freundeskreis, berichten Sie Ihrem Buchhändler, oder bewerten Sie bei Onlinekauf. Und wenn Sie Kritik, Korrekturen, Aktualisierungen haben, freuen wir uns über Ihre Nachricht an Bruckmann Verlag, Postfach 40 02 09, D-80702 München oder per E-Mail an lektorat@verlagshaus.de.

Unser komplettes Programm finden Sie unter www.bruckmann.de

In diesem Buch wird aus Gründen der besseren Lesbarkeit das generische Maskulinum verwendet. Weibliche und anderweitige Geschlechteridentitäten sind dabei ausdrücklich mitgemeint, soweit es für die Aussage erforderlich ist.

Die Deutsche Nationalbibliothek verzeichnet diese Publikation in der Deutschen Nationalbibliografie; detaillierte bibliografische Daten sind im Internet über http://dnb.d-nb.de abrufbar.